그림으로 이해하는

비전공자를 위한 딥러닝

국문과 공대생 **윤준호** 저

DIGITAL BOOKS
디지털북스

그림으로 이해하는 비전공자를 위한

딥러닝

| 만든 사람들 |
기획 IT·CG기획부 | **진행** 양종엽·장우성 | **집필** 윤준호 |
편집표지디자인 원은영·D.J.I books design studio

| 책 내용 문의 |
도서 내용에 대해 궁금한 사항이 있으시면
저자의 홈페이지나 디지털북스 홈페이지의 게시판을 통해서 해결하실 수 있습니다.
디지털북스 홈페이지 digitalbooks.co.kr
디지털북스 페이스북 facebook.com/ithinkbook
디지털북스 인스타그램 instagram.com/digitalbooks1999
디지털북스 유튜브 유튜브에서 [디지털북스] 검색
디지털북스 이메일 djibooks@naver.com
저자 이메일 yunjh0420@gmail.com

| 각종 문의 |
영업관련 dji_digitalbooks@naver.com
기획관련 djibooks@naver.com
전화번호 (02) 447-3157~8

저자의 말

〈지적 대화를 위한 넓고 얕은 지식〉이라는 책이 있습니다.

경제, 철학, 과학 등 다양한 주제를 다루는데, 대표적인 세력들의 대결구도를 통해 핵심 개념들을 쉽고 재미있게 설명합니다. 전문가의 입장에서는 엄밀성이 부족한 책일지 몰라도, 제 생각에는 그 어떤 명저보다 쉽게 와닿는 최고의 인문학 입문서입니다.

이 책은 딥러닝이라는 분야의 〈지대넓얕〉 포지션을 추구합니다.

따라서 교수님들이나 현업 전문가들의 입장에서는 엄밀성이 부족하다고 생각할 수 있습니다. 대신 쉽고 간결하게 비전공자들이 핵심 개념들을 이해할 수 있고, 전체적인 큰 그림을 그릴 수 있게 하는 것을 목표로 합니다.

국민 딥러닝 입문 강의 "모두를 위한 딥러닝"의 김성훈 교수님을 만나뵐 기회가 있었습니다. 제가 직접 질문하고 답변을 받은 결과, 강의의 대상은 역시나 컴퓨터공학과 학부생으로 설정했다고 합니다.

저 역시 비전공자로 시작해 AI 개발자로 일하게 되기까지 다양한 고난들을 마주했습니다. 공대 수학은커녕 고등학교 이과 수학도 낯선 비전공자들에게, "모두를 위한 딥러닝"보다 훨씬 쉬운 수준의 강의를 만들어보자는 취지에서 글을 쓰기 시작했습니다. 이 책이 누군가에게 도움이 되기를 바랍니다.

우리의 뇌는 이야기 혹은 이미지 형식으로 정보를 받아들일 때 가장 높은 학습 효과를 나타냅니다. 이 책은 이야기와 그림으로 구성되어 있습니다.

추천사

인공지능은 어느 때보다 더 빠르게 발전하고 있고 매일매일 놀라운 결과들을 보이고 있습니다. 이제 우리 사람보다 그림을 더 잘 인식하고, 글도 잘 쓰고, 심지어 수학 문제와 그 어렵다는 프로그래밍도 해내고 있습니다. 이럴 때일수록 인공지능이 무엇이고 어떻게 사용해야 할지를 잘 이해하는 것이 무엇보다 중요합니다. 마치 우리보다 계산을 더 잘하는 전자계산기가 나왔을 때 이를 잘 활용하던 사람들이 더 앞서 나간 것 같은 역사가 반복되고 있습니다.

〈비전공자를 위한 딥러닝〉은 제목 그대로 비전공자들도 그림을 보면서 쉽게 개념을 파악하게 해줍니다. 또한 여러분들이 하시는 일에 인공지능을 어떻게 사용하게 될지에 대한 힌트도 많이 얻을 수 있는 책이라 인공지능 시대에 반드시 필요한 책으로 추천드립니다.

- 김성훈 업스테이지 대표, 홍콩과기대 교수, 강의 <모두를 위한 딥러닝>

〈비전공자를 위한 딥러닝〉은 정말 친절한 인공지능 책이다. 비전공자들도 딥러닝의 방법들을 이해하면서 배울 수 있도록 귀여운 손 그림들을 사용하여 원리를 재미있게 설명하고 있다. 비전공자나 초보자가 아니라하더라도 신경망과 CNN의 원리는 물론이고 경사하강법과 역전파까지 알차게 설명하고 있어 도움이 많이 되는 책이다. 쉽게 인공지능을 시작하고 싶은 분들에게 절대 강추한다.

- 김성진 LG전자 인공지능연구소 수석연구위원(상무), 저서 <3분 딥러닝 케라스맛>

2022년 현재 딥러닝 키워드로 서적 검색을 하면 검색되는 서적의 개수는 400개가 넘습니다. 즉, 매우 많은 서적들이 딥러닝이라는 타이틀로 이미 출판되어 있습니다. 그럼에도 불구하고 이 책을 추천하는 이유는 이 책만이 가지고 있는 명확한 아이덴티티가 있기 때문입니다. 그것은 바로 비전공자도 충분히 이해가능하도록 쓰여있다는 것입니다. 저자가 국문학도/철학도 출신이어서 그런지 논리적 전개가 매우 매끄럽고, 글임에도 불구하고 스토리를 통해 딥러닝의 원리를 쉽게 이해할 수 있습니다. 비전공자 출신으로 훌륭한 비전 엔지니어가 되기까지의 고민한 흔적을 곳곳에서 엿볼 수 있으며, 독자의 백그라운드와 상관없이 21세기 필수 아이템 딥러닝에 대해 충분히 이해 할 수 있는 유용한 도서입니다.

- 임은수 아주대학교 정보전자대학원 석사, 로보틱스 엔지니어

이 책의 가장 큰 장점은 독자가 비전공자임을 완벽히 이해하고 작성되었다는 것입니다. 대부분의 책이 전공자를 위해 작성되어 딥러닝을 처음 배우는 비전공자들은 이해하기에 어려움이 많았습니다. 하지만 이 책은 다양하고 쉬운 예시를 통해 어려운 개념도 쉽게 이해되며 기억에 오래 남습니다. 이 책을 다 읽을 때쯤 비전공자도 탄탄한 딥러닝 개념을 쌓을 수 있습니다.

- 최미래 뷰메진 컴퓨터비전 엔지니어, 비전공자

인공지능은 현재 우리의 생활에 다가왔습니다. 인공지능의 꽃인 딥러닝의 동작 원리가 궁금한 초보 개발자들은 생소한 용어와 개념으로 장벽을 느낄 수밖에 없는 상황입니다. 〈비전공자를 위한 딥러닝〉은 기초 개념부터 시작하여 선형회귀, 신경망으로 이어지는 친절한 설명으로 이러한 장벽을 허물게 만듭니다. 국문과 전공자의 맛깔나는 글과 그림이 딥러닝의 세계를 쉽고 즐겁게 입문할 수 있어 초보자들에게 강력히 추천합니다.

- 김현우 네이블커뮤니케이션즈 통신클라우드개발팀

메모리와 모바일 산업의 발전으로 데이터가 넘쳐나는 세상이 되어가고 있고, 축적된 데이터로부터 유의미한 정보를 얻어내는 도구로 가장 주목 받고 있는 것이 딥러닝입니다. 무궁무진한 가능성을 가진 딥러닝의 매력에 많은 분들이 입문하고자 시도하지만 다소 높은 진입장벽에, 특히나 수학과 거리를 두고 살았던 비전공자들에겐 어디서부터 시작해야할 지 갈피를 잡는 것조차 힘들 수 있습니다. 저자는 비전공자로서 본인이 직접 경험하며 힘들었던 점을 토대로 딥러닝의 세계에 조금이나마 더 쉽게 발을 내딛을 수 있게 만들었습니다. 딥러닝의 세계에 첫 발을 내딛고자 하는 분들에게 이 책은 나침반이 될 것입니다.

- 장수원 한국항공대학교 재학생

저자의 말에 나와 있는 것처럼 이 책은 딥러닝 분야의 〈지대넓얕〉을 추구하는 책입니다. 이 목표를 위해 저자는 머신러닝에서 '학습'의 의미와 같이 아주 기본적인 내용부터 차근차근 설명합니다. 물론 신경망과 같은 핵심 개념들, 나아가 더 나은 모델을 만들기 위한 기법까지 아우르고 있기에 마냥 쉽지만은 않을 수 있습니다. 저자는 이런 깊이 있는 내용을 설명하기 위해 본인이 직접 그린 그림을 충분히 활용하는데, 이 이미지들이 내용을 이해하는 데 큰 도움을 줍니다. 그렇기에 저는 머신러닝과 딥러닝이 궁금하지만 막연한 두려움에 선뜻 도전해보지 못했던 분들께 이 책을 추천합니다.

- 김진오 휴이노 백엔드개발자, 비전공자

새로운 지식을 배울 때, 용어의 어려움이나 복잡한 디테일은 부차적인 문제입니다. 그보다는 그 지식의 전체적인 구성과 해당 지식의 관점에서 사고하는 방식을 배우는 것이 중요합니다. 딥러닝도 마찬가지입니다. 이 책은 첨단에 있는 딥러닝 지식들을 욱여넣기보다, 딥러닝의 기본적인 구조를 이해함으로써 그러한 방식으로 사고할 수 있도록 도와줍니다. 완벽한 백지에서 처음 딥러닝의 세계로 발을 들이고 싶은 분들께 좋은 밑그림이 될 것입니다.

- 김성익 한양대학교 재학생, 부스트캠프 AI Tech 1기

1. 딥러닝의 개념, 머신러닝의 개념, 인공지능의 개념 등을 쉽고 재밌게 설명합니다.

법대를 나온 저도 이해할 수 있게 이야기와 이미지를 적절히 배치하여 쉽게 쉽게 읽히고 이해갑니다.

2. 핵심개념에 대한 명쾌한 설명과 예시 활용이 돋보입니다.

선형회귀(linear regression)와 같은 부분도 예제로서 일반화된 접근과 함께 자연스레 관련된 개념들로 안내해 줍니다.

3. 딥러닝에 대한 관점이 조금은 바뀌었어요.

Platform 서비스 사업과 함께 자율주행 관련 사업 및 전략을 많이 다룸에 딥러닝이란 단어는 많이 접하였지만, 상세히 알게 됨에는 한계가 있었습니다. 스물몇 해 전 고등학생으로 돌아가 수학의 개념원리를 공부하던 그때가 생각날 정도로 개념원리에 중심의 딥러닝과 관련 내용들이 차근차근 비전공자 눈높이에 맞춰 잘 설명되어 있었습니다. 저자님의 개인적 경험에서 바탕한, 진정한 비전공자들을 위한 입문서가 나온듯 하여 비단 AI 개발자를 꿈꾸는 비전공자 뿐만 아닌 딥러닝에 관심 있는 많은 분들이 읽음에도 강력 추천 드립니다.

- 권혁찬 42dot 사업총괄

CONTENTS

Welcome to machine learning

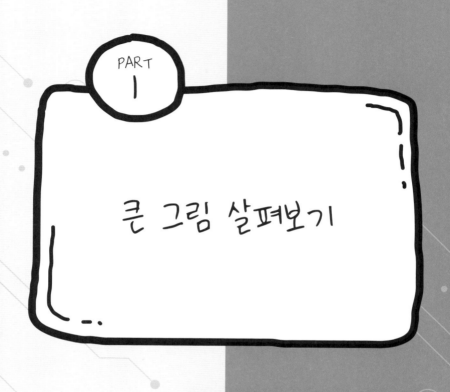

PART
1

큰 그림 살펴보기

1. 그래서 '학습'이 뭔데? (1)

이제부터 당신은 기계다.

그렇게 생각해 보자. 어느 날 눈을 떴더니, 기계가 된 것이다.

당신에게 첫 번째 임무가 주어졌다. 스팸 메일을 골라내는 것이다. 날마다 들어오는 수많은 이메일 중에, 스팸 메일만 골라내고 싶다.

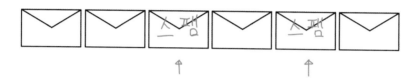

가장 쉽게 떠올릴 수 있는 방법은, 특정 단어가 제목에 포함된 메일을 골라내는 것이다. 일단 한 번 시도해 보자.

문제 1

당신은 다음 명령을 그대로 수행하는 기계다.

명령: 제목에 다음 단어들 중 적어도 하나가 포함된 메일을 체크한다.
{"초특가", "판매", "무료"}

받은 메일

(1) 온라인 게임장 짜릿한 타격감 96% 환수율 무료머니 5만으로 먼저 체험하세요!

(2) 전상품 1 + 1 이벤트 총알 배송! 특가 패키지 상품 한정 판매!

(3) 영업 1팀 판매 실적 보고서 수정사항 확인 바랍니다.

(4) 더블 배당 이벤트—가입 즉시 5만—정식인증—모바일 지원

살펴보면 문제점이 생긴다. 먼저 "판매" 때문에, 일반적인 업무 메일인 (3)이 스팸으로 잘못 분류된다. 그렇다고 "판매"를 지우자니, (2)가 스팸으로 분류되지 않는 문제가 예상된다. 또한 단어 목록에 해당하는 단어가 없기 때문에, (4)는 스팸인데도 스팸으로 분류되지 않는다.

이번엔 조금 더 영리하게 명령을 내려보자.

문제 2

당신은 다음 명령 두 가지를 그대로 수행하는 기계다.

> 명령1: 제목에 다음 단어들 중 적어도 하나가 포함된 메일을 체크한다.
> {"초특가", "무료", "더블 배당"}

> 명령2: 제목에 "판매"가 포함된 경우, 다음을 순서대로 실행한다.
> I. 다음과 같은 단어들이 제목에 함께 있는 경우, 체크하지 않는다:
> {"업무", "보고서", "영업"}
>
> II. I의 조건에 해당하지 않는 경우, 체크한다.

받은 메일
(1) 온라인 게임장 짜릿한 타격감 96% 환수율 무료머니 5만으로 먼저 체험하세요!
(2) 전상품 1 + 1 이벤트 총알 배송! 특가 패키지 상품 한정 판매!
(3) 영업 1팀 판매 실적 보고서 수정사항 확인 바랍니다.
(4) 더블 배당 이벤트―가입 즉시 5만―정식인증―모바일 지원

우선 이렇게 네 가지 이메일을 제대로 분류하는 데 성공했다. 하지만 이 두 가지 명령을 가지고, 다른 수천 개의 이메일을 분류하는데 몇 퍼센트 정도나 성공적으로 분류할 수 있을까? 그렇게 높지 않을 것이다.

1번 예시에서 "무료"라는 단어가 "공짜"로 바뀔 경우 스팸 필터링을 피할 수 있다. 또한 "1분기 판매량 관련 첨부파일 재전송 부탁드립니다" 라는 제목의 메일은 "판매"는 포함 하지만 명령2-I의 단어 목록과 함께 제시되지 않았으므로 명령2-II에 따라 스팸으로 분 류된다. 그리고 실제로 스팸을 배포하는 사람들은 스팸 필터링 시스템이 업그레이드됨 에 따라, 스팸 필터링에 걸리지 않으면서 스팸 메일을 성공적으로 보낼 수 있는 방법을 연구하고 발전시킨다. 즉, 조건을 하나하나 붙여가는 방식으로는 제대로 일을 수행할 수 없고, 예측 불가능한 스팸 메일의 변화에 대처할 수 없다.

이건 마치 어벙한 신입사원과도 같다. 일을 시키려면 모든 경우에 대해 일일이 지시를 해줘야 한다. 그러다 지시해준 경우에서 조금 벗어난 상황이 발생하면, 어김없이 상사 에게 달려와 해결해달라고 징징댈 것이다.
상사는 속으로 생각한다.

'이정도면 알아서 좀 할 것이지!'

자, 이번에는 일 잘하는 3년 차 김대리를 보자.

부장님이 그의 어깨를 툭 치며 말한다.
"이번에도 믿고 맡길게, 김대리!"
일일이 어떻게 하는지 가르쳐주지 않아도, 어떻게든 기한 내에 제대로 된 성과를 들고 나타나는 김대리. 우리는 이런 능력을 보고 '융통성'이 있다고 한다.

다시 스팸 메일 문제로 돌아가 보자. 어떻게 하면 김대리처럼 융통성 있게, '알아서 좀' 일 처리를 시킬 수 있을까? 구구절절 모든 상황을 적어 놓고, 문제가 생길 때마다 일일이 수정하고 새로운 조건을 붙여야 하는 조잡한 방식 대신 여기서 드디어 학습(learning)이 등장한다.

학습의 원리를 설명하기에 앞서, 잠깐 기계 상태에서 벗어나 인간으로 돌아가자. 그리고 다음 문제를 풀어보자.

문제 3
당신은 인간이다. 당신의 두뇌를 활용해 다음 사항을 처리하라.

Data에 속한 스팸 메일을 찾아서, Label의 해당 번호에 체크하라.

Data
(1) 온라인 게임장 짜릿한 타격감과 96% 환수율 무료머니 5만으로 먼저 체험하세요!
(2) 전상품 1 + 1 이벤트 총알 배송! 특가 패키지 상품 한정 판매!
(3) 영업 1팀 판매 실적 보고서 수정사항 확인 바랍니다.
(4) 더블 배당 이벤트—가입 즉시 5만—정식인증—모바일 지원

Label
(1)   (2)   (3)   (4)

이번 경우에는 당신이 직접 '답지'를 만든 것이기 때문에 채점되는 결과가 없다.

방금 당신이 한 행위를 레이블링(labeling)이라고 한다. 라벨, 즉 꼬리표를 붙인다는 뜻이다. 정확하게는 4개의 데이터에 대해서, 그 데이터의 정답을 표시했다는 의미다.

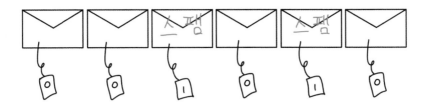

다음 표와 같이, 스팸 메일인 데이터에는 '1', 스팸 메일이 아닌 데이터에는 '0'이라는 정답 표기가 있는 '답지'를 오른쪽에 추가한 것이다.

Index	Email title	Label*
1	온라인 게임장 짜릿한 타격...	1
2	전상품 1 + 1 이벤트 총알...	1
3	영업1팀 판매실적보고서 수...	0
4	더블 배당 이벤트—가입 즉...	1

* 스팸 메일이면 1, 스팸이 아니면 0

답지를 만들었으니, 이제 다른 누군가에게 학습을 시킬 수 있다. 어떤 학생을 시켜서 스팸 메일을 분류하는 법을 학습시켜본다고 하자.

우선 학생에게 답지를 주지 않고, 문제(메일들)만 던져준다. 학생은 자신이 '예측한 답'을 공책에 적어서 제출한 뒤, 답지의 '정답'과 비교하고 채점할 수 있다. 채점을 할 때, 학생은 맞은 답의 경우는 넘기고, 틀린 답의 경우는 왜 틀렸는지 고민하며 앞으로는 틀리지 않도록 그 부분에 대한 본인의 잘못된 생각을 수정한다.

학생의 학습

1. 답지를 다른 곳에 치워둔다.
2. 문제를 공책에 푼다(예측한 답을 적는다).
3. 공책에 적힌 답과 답지의 정답을 비교한다.
4. 틀린 문제에 대해서 본인의 생각을 정답에 가까워지도록 수정한다.
5. 이 과정을 반복한다.

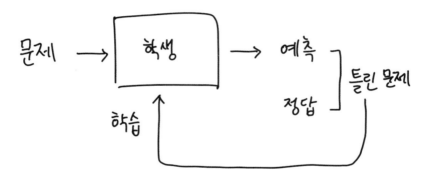

이것이 학습의 기본 개념이다. 본인이 예측한 답들을 채점하고, 오답노트를 만들어 가면서 발전해나가는 것. 이 과정을 학생 대신 기계가 수행하게 한다면 어떻게 될까?

기계의 학습

1. 레이블(정답)을 다른 곳에 치워둔다.
2. 데이터를 바탕으로 예측을 한다.
3. 기계(모델)가 한 예측과 실제 레이블을 비교한다.
4. 틀린 예측들에 대해서 기계의 예측 방향을 실제 레이블에 가까워지도록 수정한다.
5. 이 과정을 반복한다.

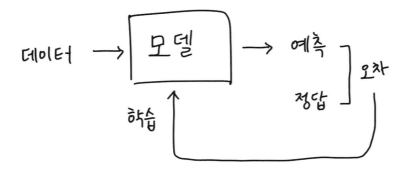

학생이 그랬듯이, 기계는 데이터에 대해 예측을 진행하고, 레이블(정답)으로 채점한 뒤 틀린 문제에 대해 스스로에게 피드백을 진행한다. 이것이 바로 기계학습, 즉 **머신러닝(machine learning)**이다.

이번 장에서 당신은 기계가 되어 스팸 메일 문제를 해결하려고 시도했다. 처음에는 어벙한 신참에게 일을 시키듯이, 모든 경우를 일일이 만족시킬 수 있는 조건을 지정해주는 방법을 시도했다. 이것을 '규칙 기반(rule-based)' 방법이라고 한다. 그러다가 당신은 여러 가지 문제를 만나고, 도저히 안 될 것 같아서 방법을 바꾸었다. 바로 '학습'이란 방법이다. 이는 일 잘하는 김대리를 만들어내는 것으로 비유할 수 있다.

결과는 물론 '학습', 즉 머신러닝의 압승이다!
이밖에도 머신러닝이 눈부신 성과를 내는 사례는 셀 수 없이 찾을 수 있다.

2. 그래서 '학습'이 뭔데? (2)

지난 장에서 당신은 스팸 메일 문제를 해결하려고 시도했다. 처음 시도한 방법은 규칙 기반 방법이었다. 어벙한 신참에게 일을 시키듯 '이걸 해라', '이건 하지 마라' 일일이 조건을 지정해주는 방법이었다. 하지만 이런 방법은 당장 몇 개의 메일을 분류하는 데는 유용할 수 있어도, 끝없이 쏟아지는 수많은 메일에 대해서는 예외가 너무 많이 발생할 수 있어 적합하지 않았다. 그래서 생각해낸 방법이 학습이었다. 기계를 학습시킬 수 있다면, 일 잘하는 김대리처럼 알아서 좀 융통성 있게 잘 분류할 수 있지 않을까? 이것이 바로 '머신러닝'의 발상이다. 우리는 학생의 학습과 기계의 학습을 비교하며 이해할 수 있었다.

그런데 이렇게 학습시킨 기계를 어떻게 사용해야 스팸 메일 문제를 해결할 수 있을까? 우선 머신러닝의 진행 과정을 크게 두 단계로 나누어 살펴보자.

1단계 학습
2단계 추론

위에서 살펴본 학습 알고리즘은 학습(learning)에 해당한다. 기계를 학습시킨다는 의미에서 훈련(training)이라고도 한다. 그리고 학습된 그 모델을 가지고 새로운 데이터를 예측하는 것이 추론(inference)에 해당한다. 즉, '스팸 메일 분류 기계'라는 완제품을 가지고 새롭게 쏟아지는 메일들을 분류하는 것이다. 하지만 제품을 현장에 투입시키기 전에, 학습이 잘 되었는지 확인하는 절차가 필요하다. 왜냐하면 우리가 학습시킨 기계가, 학습하는 동안에 분류했던 메일만 잘 분류하고 새로운 메일을 분류하는 능력은 훨씬 떨어질 수 있기 때문이다. 우리가 원하는 것은 바로,

이미 분류해본 메일만 잘 분류하는 기계가 아니라,

새로운 메일도 잘 분류할 수 있는 기계를 원하는 것이다.

따라서 기계가 잘 학습이 되었는지 테스트하는 시험(test)이 필요하다.

따라서 1단계 '학습'을 다음과 같이 두 단계로 나눈다.

1단계 학습

① 학습

② 시험

2단계 추론

1강에서는 메일 4개를 직접 레이블링하는 것으로 마쳤지만, 실제 머신러닝을 진행하기 위해서는 상당히 많은 데이터가 필요하다. 당신에게 1000개의 레이블링 된 메일 데이터가 있다고 상상하자.(레이블링이 뭔지 헷갈린다면 1강을 복습하자.)

이제 당신은 이 1000개의 데이터로 1단계 '학습'을 진행해 '스팸 메일 분류 기계'를 만들 것이다. 하지만 1000개를 모두 '① 학습'하는 데만 사용한다면 '② 시험'을 진행할 수가 없다. 따라서 당신은 1000개 중 800개를 학습에 사용하고, 200개를 학습이 끝난 후 시험에 사용하려고 한다. 이때 반드시 시험에 사용될 200개의 데이터는 학습하는 동안에 기계가 접근할 수 없게 해야 한다. 시험 문제를 미리 본다면 기계가 자신의 예측 능력이 아닌 '정답 외우기' 능력을 사용해 시험을 잘 볼 수도 있기 때문이다.

학습을 위해 떼어놓은 800개의 데이터를 훈련 데이터(training data)라고 하고,
시험을 위해 떼어놓은 200개의 데이터를 시험 데이터(test data)라고 한다.

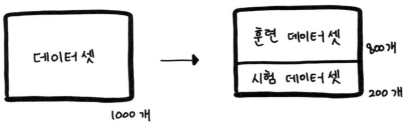

이 두 데이터 세트는 1단계 '학습'을 위해 레이블링 된 데이터 전체를 두 덩어리로 나눈 것이다.

당신은 이제 다시 기계가 된다. 그리고 1단계 '학습'의 '① 학습'을 진행한다. 머신러닝 모델의 학습 알고리즘을 진행하는 것이다. 참고로 여기서 주어지는 데이터는 훈련 데이터다.

이것은 앞으로 진행되는 머신러닝 강의를 이해하고 감을 잡을 수 있는 중요한 체험이므로, 천천히 생각해보면서 진행하기 바란다.

학습에 앞서 용어를 잠깐 정리하자. 완성된 모델을 가지고 실제 현장에서 예측하는 2단계 '추론'과 헷갈릴 수 있기 때문에, 1단계 '학습' 단계에서 당신이 예측하는 답은 '가설(hypothesis)'이라고 부르기로 하자.

머신러닝 모델의 학습

1. 정답을 치워둔다. (안 보이게 ' ? '로 처리한다.)

2. 데이터를 바탕으로 예측을 한다.

3. 기계가 한 예측(가설)과 실제 레이블을 비교한다.

4. 틀린 예측들에 대해서 예측 방향을 실제 레이블에 가까워지도록 수정한다.

5. 이 과정을 반복한다.

이 부분이 기억나지 않는다면 1강을 복습할 것

이제 당신의 임무가 시작된다.

휴대폰이나 컴퓨터를 이용해 다음 웹페이지에서 임무를 확인하라.

· https://bit.ly/3lQa0wW

위의 링크가 동작하지 않는다면 다음 링크에서 <1.2 그래서 '학습'이 뭔데? (2)>를 선택하면 된다.
(깃허브 링크: https://philgineer.github.io/Web_projects)

학습 [1 ∨] 회차

> 당신은 다음 명령을 수행하는 기계다.
>
> 명령: 1번부터 10번 문제까지, "가설" 칸을 더블클릭(모바일은 길게 터치)하여 아무 숫자를 골라 넣어라.

학습을 '1회'차로 선택하고 가설에 값을 넣어 1회차 학습을 진행해보자.

	가설	정답	가설-정답
1	4	?	1
2	3	?	-2
3	6	?	4
4	3	?	-4
5	8	?	4
6	7	?	6
7	1	?	-9
8	9	?	
9	10	?	5
10	2	?	5

초록색: 예측한 가설과 정답이 같은 경우
노란색: 예측한 가설과 정답이 근소하게 차이나는 경우
빨간색: 예측한 가설과 정답이 크게 차이나는 경우

가설 쪽에 무작위로 값을 넣었다.

방금 진행한 과정이 바로 학습 '1회'라고 할 수 있다.

주어진 훈련 데이터를 한 바퀴 돌았다는 것인데, 이를 **에포크(epoch)**라고 한다.

현재 '가설-정답' 칸에서 초록색이 몇 개인지 세어보자. 아직 하나도 없을 수도 있다. 그 개수를 총 훈련 데이터의 개수인 10으로 나누면, 학습 1회차의 정확도, 즉 '1회 훈련 정확도'가 된다. 일단 그 정확도를 다음 보고서에 기록해두자.

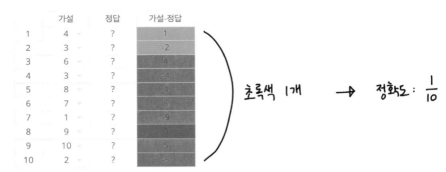

필자가 진행한 1회차 학습에서는 초록색이 한 개 나왔다. 따라서 학습 1회차의 정확도는 0.1이 된다.

[보고서]

1회 훈련 정확도:

2회 훈련 정확도:

3회 훈련 정확도:

첫 번째 에포크인 '1회'에서는 아직 학습된 정보가 아무것도 없기 때문에, 무작위로 찍은 것이다. 그렇다면 이제 무작위로 찍은 가설과 실제 정답을 비교하고 피드백을 받을 차례다. 위의 표로 다시 돌아가, '1회'를 '2회'로 변경하고 주어지는 명령을 수행해보자.

학습 [2 ∨] 회차

당신은 다음 명령을 수행하는 기계다.

명령: 1번부터 10번 문제까지 다음을 실행한다.

1. "가설-정답" 칸이 <u>초록색</u>일 경우:
   아무 것도 하지 않는다.

2. "가설-정답" 칸이 <u>주황색</u>일 경우:
   "가설-정답"값이 양수이면 "가설"을 1 작은 수로 바꾸고,
   음수이면 "가설"을 1 큰 수로 바꾼다.

3. "가설-정답" 칸이 <u>빨간색</u>일 경우:
   "가설-정답"값이 양수이면 "가설"을 3 작은 수로 바꾸고,
   음수이면 "가설"을 3 큰 수로 바꾼다.

(실수로 잘못 눌렀을 경우, ctrl(cmd) + z 로 뒤로 가기

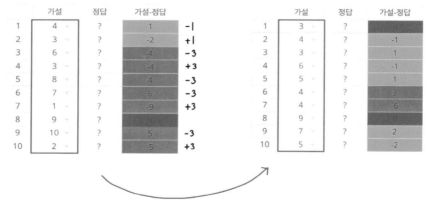

학습을 2회차로 변경한 뒤 1, 2, 3번의 규칙을 따라 가설을 수정한다.

'2회'를 완수했다면, 마찬가지로 '가설-정답' 칸에서 초록색이 몇 개인지 세어보자. 이것을 10으로 나누면 '2회 훈련 정확도'가 된다. 이것도 보고서에 기록하자.

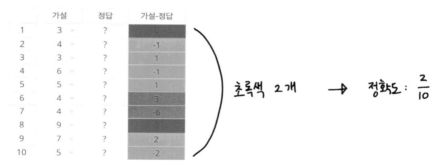

10개의 문제 중 2개의 정답이 나왔다. 따라서 학습 2회차의 정확도는 0.2가 된다 .

그리고 2회와 똑같은 명령이 기다리고 있는 '3회'를 수행하며 학습을 진행해보자.
'3회'를 완수했다면, 마찬가지로 '가설-정답' 칸에서 초록색이 몇 개인지 세어보자. 이것을 10으로 나누면 '3회 훈련 정확도'가 된다. 마찬가지로 보고서에 기록하자.

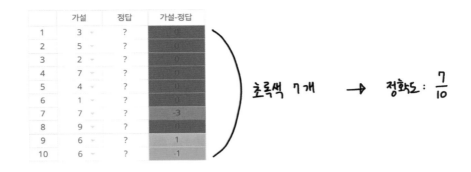

자, 이제 1회, 2회, 3회를 진행하며 정확도가 어떻게 변했는지 한눈에 파악해보자. 회를 거듭할수록 증가했을 것이다.

[보고서]

1회 훈련 정확도: 0.1

2회 훈련 정확도: 0.2

3회 훈련 정확도: 0.7

이렇게 훈련 정확도가 회차를 거듭하면서 증가하는 것이, 학습이 잘 되어간다는 첫 번째 증거라고 할 수 있다.

당신은 이제 **1단계** '학습' 과정 속 '① 학습'이 어떻게 진행되는지 간략하게 체험해보았다. 실제 머신러닝에서는 수십, 수백 회까지 진행하기도 한다.
이런 학습이 종료되면, 시험 데이터셋을 가지고 '② 시험'을 보게 된다. 시험 결과인 시험 정확도를 가지고 우리는 모델의 능력을 객관적으로 파악할 수 있는 것이다.

시험 정확도가 만족스러운 성능을 낸다면, 마침내 우리의 '스팸 메일 분류 기계'는 학교를 졸업하고 현장으로 투입될 수 있는 것이다. 그리고 그 녀석에게 주어지는 임무가 바로

2단계 '추론'인 것이다.

이렇게 1강과 2강을 통해, 우리는 학습과 예측이 어떻게 이루어지는지 간략하게 살펴
보았다.

학습에 대해서 아직 구체적인 감이 잡히지 않더라도 괜찮다. 지금은 'Part 1: 큰 그림 살
펴보기' 단계이기 때문에, 전체적인 그림만 어렴풋이 파악해도 성공한 것이다.

다음 장에서는 인공지능, 머신러닝, 딥러닝이라는 용어가 정확히 어떤 관계인지 한방
에 정리해보는 시간을 가져볼 것이다.

3. 인공지능 / 머신러닝 / 딥러닝

지난 1장과 2장을 통해 '학습'이 무엇인지, 또 머신러닝이 어떤 과정을 통해 이루어지는 건지 개략적으로 살펴보았다. 이번 장에서는 '인공지능', '머신러닝', '딥러닝'이란 용어들을 쉽게 정리해보자.

(1) 인공지능

먼저 인공지능이란 인간의 지능을 모방한 인공적인 지능(artificial intelligence)을 말한다. 인류는 수천 년에 걸쳐 인간의 지능이 어떻게 작동하는지 이해하려고 노력해왔는데, 인공지능이라는 분야는 지능을 이해하는 것 자체보다는 지능적인 모델을 활용해 산업적으로 어떻게 이용할 것인지에 더 초점이 맞춰져 있다.

아이폰의 시리나 구글 번역기 같은 '자연어처리(natural language processing)', 전문 지식과 노하우를 축적해 자동차 고장을 진단하는 등의 '전문가 시스템(expert system)', 자율주행 자동차와 같이 카메라로 사물을 인식하고 분류하는 '컴퓨터 시각(computer vision)' 등 다양한 산업 분야에서 인공지능이 활용되고 있다.

(2) 머신러닝

머신러닝은 인공지능에 포함되는 개념으로, 우리가 1장과 2장에서 살펴본 '학습'을 통해 예측을 수행하는 모든 기계를 생각하면 된다.

그렇다면 머신러닝은 아닌데 인공지능에 포함되는 분야는 어떤 것이 있을까?
바로 1강 앞부분에서 다루었던 '규칙기반 모델(rule-based model)'이 해당된다. 인공지능 분야에서 언급한 '전문가 시스템' 역시 전문가의 지식에 기반해 '~일 때는 ~하라'는 규칙들에 기반하는 규칙기반 모델에 속한다고 할 수 있다.

머신러닝의 모델들로는 회귀(regression)모델, 신경망, 군집화(clustering), 서포트벡터 머신(SVM) 등이 있다. 딥러닝이 데이터의 특성들을 자동으로 추출해서 학습하는 종단간(end-to-end) 구조라면, 머신러닝은 개발자나 연구자가 직접 데이터의 특성을 엔지니어링한 후 모델에 입력시키는 경우가 많다.

(3) 딥러닝

마지막으로 딥러닝이란 머신러닝의 일종으로 인간의 뇌의 신경망(neural network)에서 착안한 '인공신경망(artificial neural networks)'을 의미한다. 즉, 신경망 구조로 학습하는 머신러닝을 딥러닝이라고 한다.

수많은 뉴런을 층층이 쌓은 모델에 데이터를 전파시키고('순전파'), 그 예측과 정답의 차이를 역전파(backpropagation)시켜 피드백하고 수정하는 과정을 통해 학습한다.

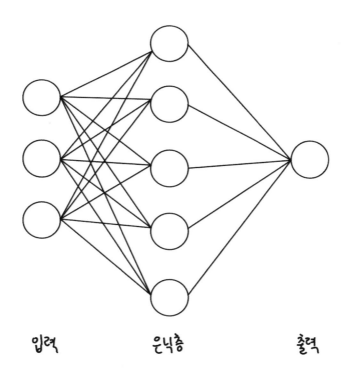

입력   은닉층   출력

그림에서 흰 원들을 신경망의 노드(node)라고 하고, 노드들이 세로로 묶인 집합을 하나의 층(layer)이라고 한다는 것 정도만 알아두자. Part 2에서 신경망에 대해서 자세히 다룰 예정이다.

딥러닝에서 '딥(deep)'이란 신경망의 층(layer)이 많아 모델의 학습 과정이 깊다는 의미다. 정확하게는, 입력층과 출력층 사이의 층들을 은닉층(hidden layer)이라고 하는데, 이 은닉층의 수가 적을 때 '얕다'고 표현하고 많을 때 '깊다'고 표현한다.

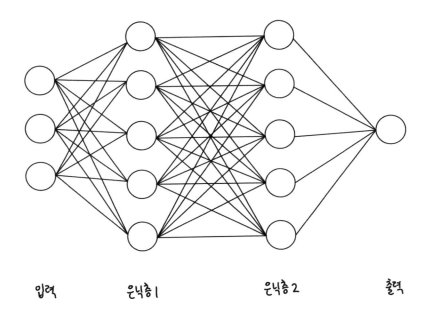

입력   은닉층1   은닉층2   출력

딥러닝 모델의 예로는 대표적으로 CNN이 있다. CNN은 합성곱 신경망(convolutional neural network)으로, 합성곱 필터를 사용해 이미지 데이터를 학습하는 모델 구조라고 할 수 있다. 이에 대해서는 3.3장에서 다뤄보도록 하겠다.

TIP-딥러닝 모델의 종류

그 외에도 자연어 처리 분야에 딥러닝의 지평을 연 RNN, 즉 순환 신경망(recurrent neural network), 데이터 생성에 활용되는 GAN(generative adversarial network), 최근 높은 성능 으로 많은 분야에서 연구되고 있는 트랜스포머(transformer) 등이 있다.

간략하게나마 정리가 되었는가?
인지심리학 베스트셀러 『어떻게 공부할 것인가』에서는 "배우려면 먼저 인출하라"고 했다. 즉, 새로운 내용을 읽고 넘기는 것이 아니라, 귀찮아도 계속 배운 내용을 꺼내야만 제대 로 된 학습이 일어나는 것이다. 다음 문제들을 풀어보면서 정리해보자.

문제 A. 그림의 영역에 해당하는 것을 선택하라. (1번~3번)

보기: 딥러닝, 인공지능, 머신러닝

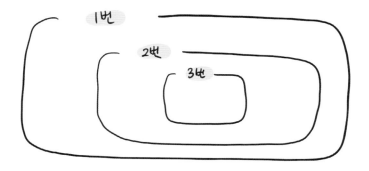

· 1번:

· 2번:

· 3번:

문제 B. 그림의 영역에 해당하는 것을 선택하라. (4번~6번)

보기: 합성곱 신경망(CNN), 전문가 시스템, 서포트벡터머신(SVM)

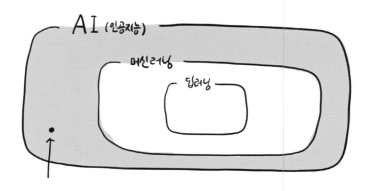

· 4번:

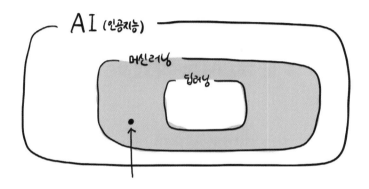

· 5번:

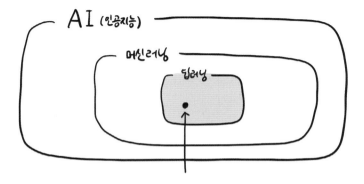

· 6번:

※ 정답은 184p로

4. 회귀와 분류, 지도 학습과 비지도 학습

지난 장에서 우리는 인공지능, 머신러닝, 딥러닝이 어떤 의미이고 어떻게 구분되는지 살펴보았다. 이번 장에서는 머신러닝의 종류를 구분하는 기준 두 가지를 소개하겠다.

첫 번째로는 '회귀'와 '분류'가 무엇인지, 두 번째로는 '지도학습'과 '비지도학습'은 무엇인지 알아보겠다.

l. 회귀(regression) vs 분류(classification)

머신러닝 알고리즘의 종류는 다양한데, 그 종류를 나누는 기준도 다양하기 때문에 우선 가장 널리 쓰이며 이해하기 쉬운 것부터 알아보도록 하자. 먼저 머신러닝을 통해 해결하려는 문제의 종류에 따라 나눌 수 있는데, 우리가 예측하려는 값의 종류에 따라 '회귀'와 '분류'로 구분할 수 있다.

값의 종류는 '**연속 값**(continuous value)'과 '**이산 값**(discrete value)'으로 나뉜다.

연속 값이란, 말 그대로 연속하는 값을 말한다. 주관식 문제의 답을 쓰듯이, 그 값은 0.3이 될 수도 있고 0.31, 0.301, 0.3001 이렇게 끝없이 연속되어 나갈 수 있다.

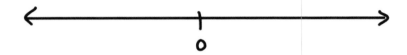

이산 값이란 객관식 문제의 보기처럼 한정된 수로 끊어져 있다. 예를 들면 다음과 같다.
· 10대 / 20대 / 30대 / 40대 / 50대 / 60대 이상
· 매우 그렇다 / 그렇다 / 보통이다 / 그렇지 않다 / 매우 그렇지 않다

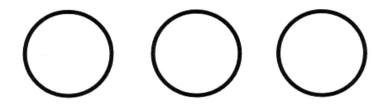

머신러닝을 이용해 해결하려는 문제의 종류는 대체로 두 가지로 구분된다.

예측하려는 값이 연속 값이면 회귀 문제이며,

예측하려는 값이 이산 값이면 분류 문제다.[1]

예를 들어보자.

예시 1

A 보험 회사는 앞으로 고객을 받을 때 어떻게 가격을 책정해야 더 높은 수익을 얻을지 고민 중이다. 이를 해결하기 위해 머신러닝을 활용해보고자 한다. 현재까지 가입한 고객들의 데이터를 학습해서, 새로운 고객의 (적정) 가격을 추론하는 모델을 만들어보려는 것이다.

예시1의 경우는 추론하려는 값이 '가격', 즉 4,852,302.11원과 같이 유리수로 표현되는 **연속 값**이다. 따라서 이 머신러닝 모델이 해결하려는 문제는 **회귀 문제**라고 할 수 있다.

예시 2

B 군은 운영중인 커뮤니티 웹사이트에 올라오는 광고성 게시물을 머신러닝으로 필터링해보려고 한다. 학습된 모델이 추론하려고 하는 것은, 새로운 데이터가 들어왔을 때 그것이 광고성인지 아닌 지를 가려내는 것이다.

예시2의 경우는 추론하려는 값이 '네 / 아니오' 중에서 선택하는 **이산 값**이다. 따라서 이 머신러닝 모델이 해결하려는 문제는 **분류 문제**라고 할 수 있다.

---

1 엄밀하게 말하면 어떤 임의의 상수로 예측 값이 나오는 것이 회귀문제이며, N개의 클래스 (class) 중에 하나의 클래스로 예측 값이 나오는 것이 분류 문제다.

위의 두 예시와 같이 '네 / 아니오' 두 종류로 구분하는 것을 이진 분류(binary classification) 문제라고 한다. 즉, 양성 클래스(positive class)와 음성 클래스(negative class)로 분류한다는 것이다. 만약 분류하려는 클래스가 두 가지 이상이라면, 다항 분류(multi-class classification) 문제가 된다. 예를 들어 이미지 데이터에 대해서 "사람, 자동차, 도로" 중 어느 클래스에 해당하는지 추론하는 것은 다항 분류 문제에 해당한다.

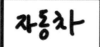

2. 지도 학습(supervised learning) vs 비지도 학습(unsupervised learning)

머신러닝은 학습의 종류에 따라 구분되기도 한다. 가장 보편적으로는 지도 학습과 비지도 학습으로 구분하는데, 최근에는 반지도 학습이나 강화 학습[2]이라는 방법도 입지를 다지고 있다. 이 강의에서는 머신러닝을 이해하는 가장 핵심이 되는 지도 학습과 비지도 학습에 대해서만 다룬다.

지도학습과 비지도학습을 나누는 기준은, 한 마디로 레이블(label)[3]의 유무라고 할 수 있다.

데이터에 레이블이 있다면 지도 학습이고
데이터에 레이블이 없다면 비지도 학습인 것이다.

1강과 2강에서 '학습'에 대해 살펴볼 때 예시로 들었던 '스팸 메일 분류'를 생각해 보자. 당신은 직접 레이블링을 해보기도 했고, 예측한 가설이 정답인 레이블과 얼마나 차이가 나는지를 체크하며 훈련 진행 과정을 간단하게 살펴보았다.

---

2 강화 학습은 모델이 어떤 행동을 선택하느냐에 따라 보상(reward) 혹은 벌점(penalty)를 부여해 점점 나은 전략을 학습하는 방법으로, 체스 게임 등 전략적 선택을 학습해야 하는 문제에 주로 사용된다. 알파고를 학습할 때에도 사용되었다.

3 학습에서 '정답'을 의미한다.

즉, 레이블이 존재하는 훈련 데이터를 가지고 학습을 진행하는 전형적인 지도 학습이라고 할 수 있다.

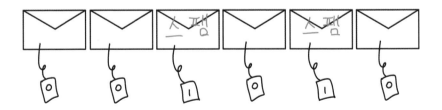

그렇다면 비지도 학습은 어떤 걸까?

비지도 학습이란 레이블이 없는 데이터로 학습을 진행하는 방법이다. 대표적으로 군집화(clustering)라는 방법이 있는데, 이를 통해 데이터들을 여러 개의 그룹으로 묶어낼 수 있다.

스팸 메일을 분류하는 예시에서 만약 레이블이 없다고 생각해 보자. 군집화를 사용한다면, 어떤 메일이 스팸 메일인지 모르는 채 다른 특징들만 이용해 메일을 두 그룹으로 분리해내는 것을 목표로 할 것이다.

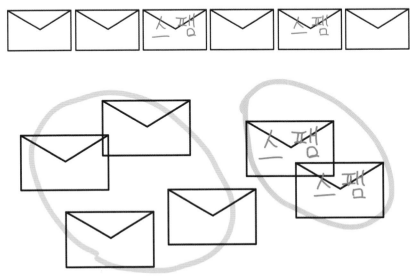

여러 가지 특징들을 고려해 두 가지 (혹은 그 이상의) 군집으로 데이터를 분리하는 군집화 방법

이번 장에서는 머신러닝을 구분하는 두 종류의 기준과, 각각의 분류에 대해 알아보았다. 첫 번째로는 머신러닝을 통해 해결하려는 문제의 종류에 따라 회귀 문제와 분류 문제를 살펴보았다. 두 번째로는 학습의 종류에 따라 머신러닝을 지도 학습과 비지도 학습을 구분하고 살펴보았다.

정리하기

보기에서 알맞는 말을 골라 빈 칸에 넣어보자.

예측하려는 값이 [   ] 값이면 [   ] 문제이며,

예측하려는 값이 [   ] 값이면 [   ] 문제다.

훈련 데이터에 [   ]이 있다면 [   ] 학습이고,

없다면 [   ] 학습이다.

보기

레이블, 분류, 이산, 비지도, 회귀, 분류, 연속, 지도

※ 정답은 184p로

PART
2

핵심 개념 익히기

1. 선형 회귀 – 집값 예측하기

Part 1에서 살펴보았듯이, 머신러닝이란 데이터를 통해 학습시킨 모델을 가지고 새로운 데이터를 예측하는 하나의 문제 해결 방법이다. 머신러닝이 등장하기 훨씬 전부터 통계학에서는 데이터를 활용해 모델을 만들고, 모델을 활용해 새로운 데이터를 예측하는 방법을 사용해왔다. 그 대표적인 방법이 **선형회귀(linear regression)**다. 예를 들어 생각해 보자.

우리는 집의 가격을 예측하는 모델을 만들고자 한다. "집의 넓이", "건축연도", "집의 위치", "집의 가격" 이렇게 네 가지 값을 각각 가지고 있는 1만 개의 집 데이터를 수집했다고 가정하자.

	집의 넓이	건축연도	집의 위치	집의 가격
집1	20	1994	서울	2억
집2	14	2009	광역시	1.5억
집3	31	2010	서울	4억
⋮				

우리가 예측하고자 하는 변수는 네 가지 값 중에 "집의 가격"이기 때문에, 나머지 세 변수를 통해 집의 가격을 잘 표현하는 모델을 만들어야 한다.

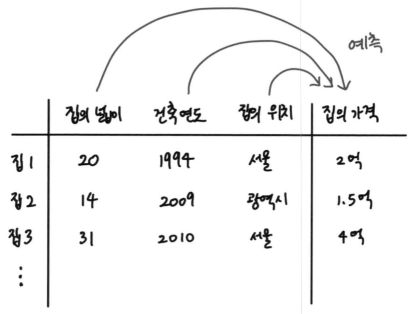

1. 세 변수를 가지고 "집의 가격"을 잘 표현하는 모델을 만들고,

	집의 넓이	건축연도	집의 위치	집의 가격
예측할 집1	25	1980	지방	?
예측할 집2	11	2002	서울	?
⋮				

2. 새로운 데이터가 들어왔을 때 그 모델을 사용해 집의 가격을 예측할 것이다.

예측하고자 하는 변수인 "집의 가격"을 타겟(target)[1]이라고 하고, 타겟을 예측하는 데 사용되는 특징 변수들을 각각 특성(feature)이라고 한다.

1 레이블(label) 혹은 정답(ground-truth)과 거의 같은 의미라고 보면 된다.

	특성들			타겟
	집의 넓이	건축 연도	집의 위치	집의 가격
집1	20	1994	서울	2억
집2	14	2009	광역시	1.5억
집3	31	2010	서울	4억
⋮				

그렇다면 어떻게 "집의 넓이", "건축 연도", "집의 위치"라는 특성들로 타겟인 "집의 가격"을 잘 표현할 수 있을까? 가장 먼저 생각해 볼 수 있는 것은, 특성별로 집의 가격에 영향을 미치는 정도가 다를 것이라는 점이다. 따라서 다음과 같이 서로 다른 가중치를 갖는 특성들이 더해지는 가중합(weighted sum)의 관계로 나타내볼 수 있다.

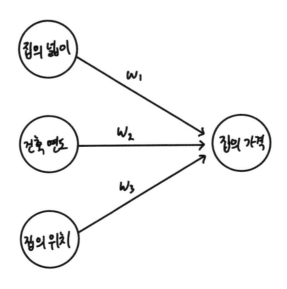

$$(\text{집의 넓이} \times w_1) + (\text{건축 연도} \times w_2) + (\text{집의 위치} \times w_3) = \text{집의 가격}$$

세 가지 특성이 각각 "집의 가격"에 대해 얼마나 영향을 미치는지 그 중요도, 즉 가중치(weight)를 가지고 있는 것을 나타낸 그림이다. 예를 들어 "건축 연도"라는 특성이 갖는 가중치가 "집의 넓이"라는 특성이 갖는 가중치보다 훨씬 작다고 가정

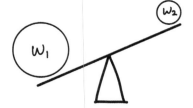

"집의 가격"에 대해서, 특성1의 가중치(W_1)가 특성 2의 가중치(W_2) 보다 더 크다

해보자. 그 의미는, 건축 연도가 집의 가격에 미치는 영향보다, 집의 넓이가 집의 가격에 미치는 영향이 더 크다는 것이다. 따라서 가중치 W_1이 W_2보다 큰 값을 가지는 모델이 된다.

이를 좀 더 일반화시키면 다음과 같이 된다.

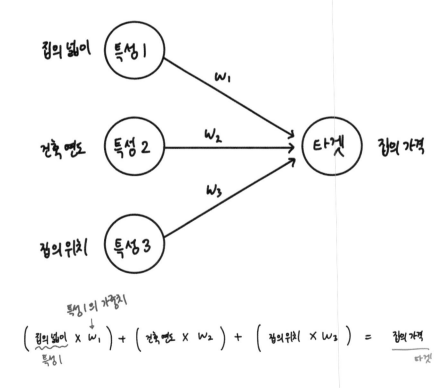

각 특성과 집의 가격을 그래프로 그려보면 다음과 같다. 실제로는 특성2와 특성3이 함께 표현된 4차원 그래프가 되겠지만, 시각화하기가 어렵기 때문에 한 특성씩 나누어

살펴보기로 하자.

이때 각각의 점은 1만 개의 집 데이터를 의미하며, 이 분포를 잘 표현하는 하나의 직선을 찾는 것이 선형회귀의 목적이다. 직선의 기울기가 특성1에 대한 가중치 W_1에 해당하게 되는데, 가중치 W_1의 의미 (특성1이 "집의 가격"에 얼마나 영향을 끼치는지) 를 생각해보면 이해하기 어렵지 않다.[2]

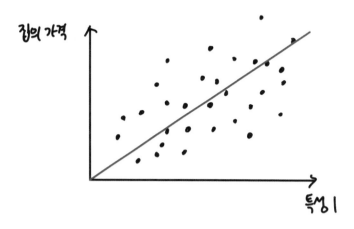

이렇게 얻은 직선을 가지고, ("집의 가격"이 빈 칸인) 새로운 데이터가 들어왔을 때 다음과 같이 "집의 가격"을 예측할 수 있다.

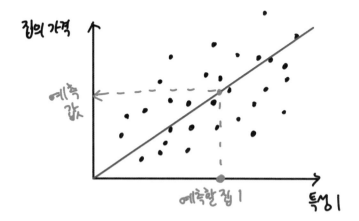

---

2 이 의미를 잘 기억해두면, 2.7장 역전파에서 편미분의 값을 이해할 때 도움이 될 것이다.

하지만 데이터의 분포가 다음과 같을 경우에는 어떨까?

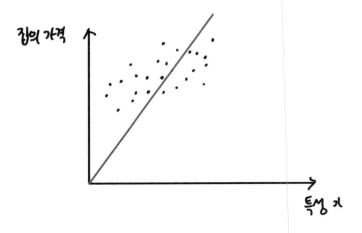

이 경우에는 원점 (0,0)에 붙어 있는 직선으로는 분포를 제대로 표현하기가 힘들다.[3]

따라서 편향(bias)을 수식에 포함해 원점에서 해방될 수 있는 자유를 주면 훨씬 좋은 예측을 할 수 있는 모델이 된다.(모든 특성이 함께 표현된 4차원 그래프에서는 원점 (0,0,0,0)에서 해방된다고 볼 수 있다.)

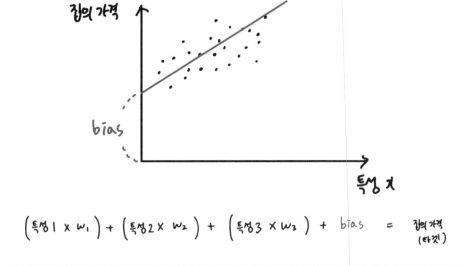

$$\left(특성1 \times w_1 \right) + \left(특성2 \times w_2 \right) + \left(특성3 \times w_3 \right) + bias = 집의\ 가격\ (타깃)$$

---

3 y = ax 인 직선은 항상 (0,0)을 지난다. 그래프의 직선 '집의 가격' = '가중치1' x '특성1' 역시 마찬가지다.

세 특성이 각각의 가중치와 함께 곱해지고, 거기에 편향이 더해지면 타겟의 값이 예측되는 것이다. 이렇게 계산된 값이 위치하는 노드는 '새로운 특성'으로 해석할 수도 있는데, 이에 대해서는 다음 장에서부터 자세히 다룰 예정이다.

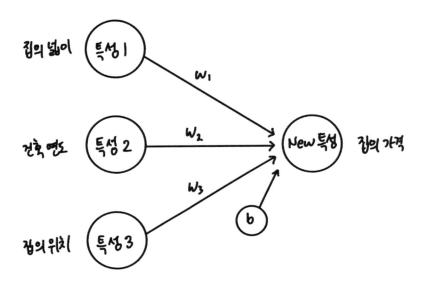

추가적으로, 가로축이 특성 x이고 세로축이 타겟(집의 가격)인 2차원 상에서만 선형회귀를 살펴보았는데, 실제로는 다음과 같은 고차원 공간에서의 직선을 구한다.

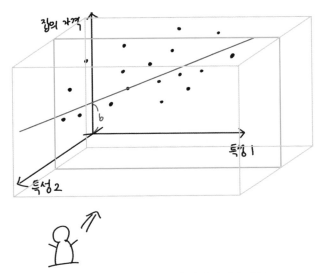

가로축이 특성 1, 세로축이 집의 가격인 방향

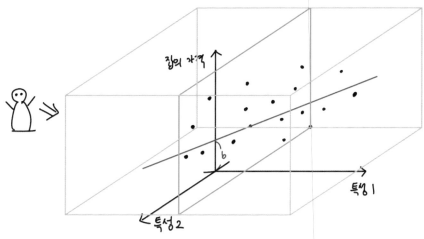

가로축이 특성 2, 세로축이 집의 가격인 방향

특성이 3개인 경우는 4차원 공간에서의 직선을 구하는 것이 되고, 특성이 더 늘어나면 점점 더 고차원 공간에서 직선을 구하게 된다.

다음 장에서는 선형회귀를 계산하는 방법, 즉 회귀 직선을 대체 어떻게 구하는지 살펴 보자.

2. 선형 회귀 – 오차와 비용

지난 장에서 선형회귀의 개념에 대해 간단하게 살펴보았다. 그런데 선형회귀를 통해 나오는 직선은 어떤 원리로 나오는 걸까? 다음 그림에서 어느 쪽이 선형회귀이며, 왜 다른 쪽은 아닐까?

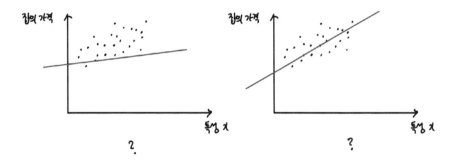

이 질문에 답을 하려면 우선 오차(error)에 대해 알아야한다. 우선 데이터를 가로지르는 선이 임의로 그어졌다고 가정해보자.

오차란 데이터와 회귀직선 사이의 거리를 의미한다. 오른쪽 그림에서 데이터1에 대한 오차는, 데이터1을 수직으로 이동했을 때 회귀직선과 만나는 점까지의 거리다. 이 거리의 의미가 무엇일까? 회귀직선은 데이터를 아우르는 예측 모델로서, 특성 x 값이 들어오면 그에 대한 타겟("집의 가격") 값을 알려준다.

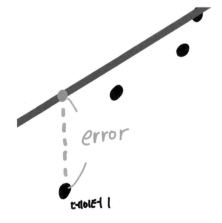

이때 우리는 데이터1을 활용해서, 데이터1의 특성x 값을 회귀모델에 넣었을 때 어떤 값을 예측하는지 확인해 볼 수 있다. 이 값이 데이터1의 실제 집 가격과 얼마나 차이가 나는지를 바로 오차라고 하는 것이다. 한 마디로 말하면, 예측한 값이 실제 값과 얼마나 차이가 있는지 그 정도를 의미한다.

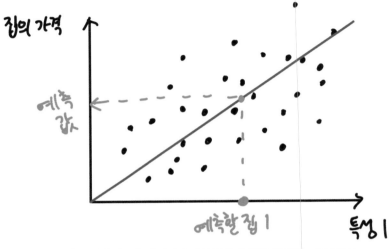

특성1만 주어진 새로운 데이터에 대한 집의 가격을 예측하는 회귀직선

이를 다음과 같이 표현할 수 있다.

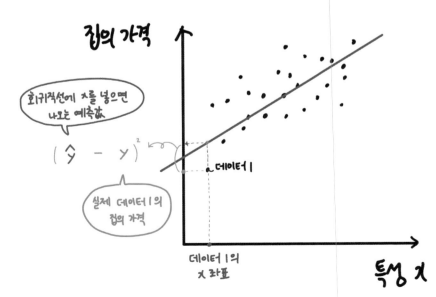

그림으로 이해하는 비전공자를 위한 딥러닝

$\hat{y}^1$은 데이터1을 회귀직선에 내렸을 때 y좌표를 말하고, y는 데이터1의 y좌표를 말한다. 이 두 값의 차이인 오차는 둘 중에 어떤 수가 더 크냐에 따라서 양수가 될 수도 있고 음수가 될 수도 있다. 그냥 더해버리면 의미가 없어지기 때문에, 이 오차들을 합할 때는 보통 제곱을 취한 후 합하게 된다.

설명에 앞서 잠깐 함수(function)의 개념에 대해서 간단하게 짚고 넘어가자.

함수란 위과 같이 어떤 입력이 들어오면 특정한 출력을 반환하는 것이다. 선형회귀 모델도 하나의 함수로서, 어떤 특성x 값이 들어오면 특정한 "집의 가격"을 반환한다.

특성x값 $\Rightarrow$ 회귀직선 $\Rightarrow$ 집의 가격 (예측)

입력 $\Rightarrow$ $f(x)$ $\Rightarrow$ 출력

$$f(x) = wx + b$$

이와 같은 표현을 사용해서 오차를 좀 더 정리해보자.

---

1 와이 햇(hat)으로 읽는다.

$$error_{\text{데이터1}} = \quad \text{길이}$$

$$= \quad \text{데이터1의 } x\text{값을} \quad - \quad \text{데이터1의 실제 } y\text{값}$$
$$\text{회귀직선에 넣었을 때}$$
$$\text{나오는 예측 } y\text{값}$$

$$= \quad \text{예측 } y_{\text{데이터1}} \quad - \quad \text{실제 } y_{\text{데이터1}}$$

$$= \quad \hat{y}_{\text{데이터1}} - y_{\text{데이터1}}$$

이때 ŷ은 회귀직선의 식 (y = wx + b) 에 해당 데이터1의 x값을 대입함으로써 구할 수 있다.

$$\boxed{\hat{y}_{\text{데이터1}}} - y_{\text{데이터1}} \quad = \quad \underbrace{x_{\text{데이터1}}w + b}_{(\text{회귀직선})} - y_{\text{데이터1}}$$

$$f(x_{\text{데이터1}}) \text{ 이므로}$$

이렇게 구한 것이 바로 데이터1에 대한 오차다. 그렇다면 나머지 데이터들에 대해서도 같은 방식으로 오차를 구할 수 있는데, 이 전체 오차들을 각각 제곱한 후 합한 것을 비용(cost)이라고 한다.

TIP-비용함수(cost function)란?

비용을 계산하는 함수를 비용함수(cost function)라고 하는데, 이는 어떤 데이터를 가지고 어떤 목적의 학습을 진행하느냐에 따라 다르게 바꿔줄 수 있다. 이 비용 함수를 어떻게 주느냐에 따라 모델이 학습되는 방향과 속도가 달라진다. Part 1에서 대략적인 학습 알고리즘을 설명하면서 "틀린 문제(예측)들에 대한 피드백"을 받고 정답 레이블에 가까워지도록 모델을 수정하게 된다고 했는데, 그 피드백을 계산하는 것이 바로 비용함수라고 볼 수 있다.

이번 장 처음에 등장한 두 모델을 살펴보자면, 오른쪽이 선형회귀라고 할 수 있다. 또한 오른쪽의 모델이 비용이 낮기 때문에 (최소한 학습 데이터 안에서는) 더 예측력이 좋다. (학습에 주어진 데이터만 가지고는 일반화 성능을 판단할 수 없다. 이에 대해서는 3.2장에서 다룰 예정이다.)

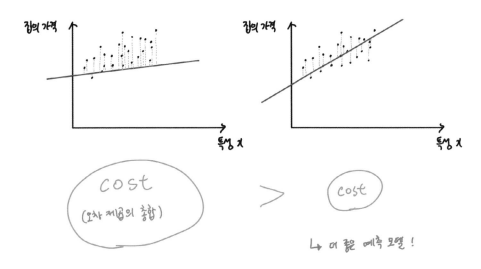

TIP-시그마(sigma)에 대하여

비용을 수식으로 나타내볼텐데, 우선 총합을 나타내는 기호인 시그마(sigma)에 대해서 간략하게 살펴보자.

$$\sum = 총합\ (SUM)$$

$$\sum_{\sim 부터}^{\sim 까지} \boxed{\sim 를}\qquad 다\ 합한\ 것$$

$$\sum_{i=1}^{m} \left(\hat{y_i} - y_i\right)^2 \qquad 다\ 합한\ 것$$

데이터 1번부터 (i번째 데이터의 예측값 − 실제값)^{제곱}
m번까지

시그마는 위와 같이 "~부터(아래) ~까지(위) ~를(오른쪽) 다 합한 것"으로 생각하면 되는데, 이를 이용해서 데이터1부터 데이터m까지의 모든 오차를 제곱한 뒤 다 더하는 것을 표현할 수 있다.

이와 같이 실제값과 예측값의 차이를 제곱한 뒤 모두 더해주는 과정을 오차제곱합이라고 한다. 이 값을 전체 데이터 수로 나눠서 데이터 1개 당 평균 오차제곱합을 나타내면 평균제곱오차(MSE, Mean Square Error)가 된다.

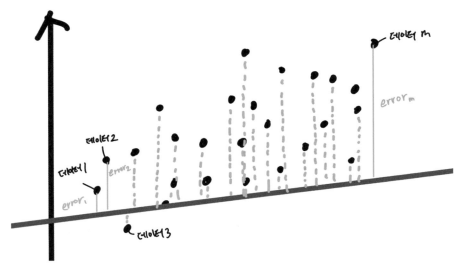

$$\sum_{i=1}^{m} (\hat{y_i} - y_i)^2 = (\hat{y_1} - y_1)^2 + (\hat{y_2} - y_2)^2 + \dots + (\hat{y_m} - y_m)^2$$

$$\text{cost} = \sum_{i} \text{error}_i^2$$
$$= \sum_{i} (\hat{y_i} - y_i)^2$$

선형회귀는 평균제곱오차를 가장 작게하는, 모든 데이터를 적절히 아우르는 예측 직선을 찾는 것이다. 이는 최소제곱법(least square method)이라는 공식을 통해 계산할 수 있다.

지난 장에 이어 이번 장에서는 선형회귀에 대해 살펴보았다. 이 단순한 선형회귀 모델만으로도 다양한 문제에서 꽤나 충분한 예측이 가능하다. 하지만 훨씬 더 복잡한 문제[2]를 해결해야 하거나, 훨씬 높은 정확도가 필요할 경우에는 어떻게 할까?

---

2 단순히 데이터의 분포가 직선으로 충분히 표현되지 않는 경우를 말하는 것은 아니다. 선형회귀도 특성에 제곱을 하거나 로그를 씌우는 등의 변환을 통해 직선이 아닌 분포도 표현이 가능하다.

새로운 방법을 소개하기에 앞서, 선형회귀가 응용되는 방법을 간단히 살펴보기로 하자. 아래와 같이 타겟(집의 가격)에 위치한 것을 "새로운 특성"으로 해석해 볼 수 있다. 즉, "집의 가격"이라는 변수의 의미가 이전 층(layer)에 있는 세 가지 특성의 가중합에 의해 계산되는 새로운 특성이기도 하다는 것이다.

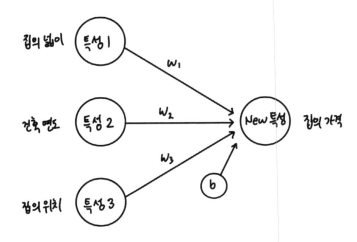

그렇다면 새로운 특성을 더 만들어 내어, 새로 생성된 특성들을 통해 타겟(집의 가격)을 예측해 볼 수 있지 않을까? 그렇게 하면 더 복잡한 데이터의 분포를 표현할 수 있게 되고, 예측의 정확도도 높아지지 않을까?

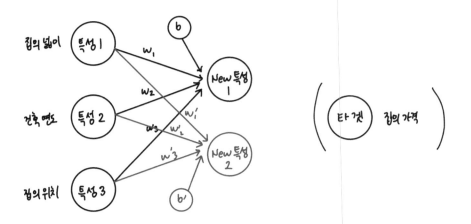

이러한 접근이 바로 신경망의 시작이라고 할 수 있는데, 이는 다음 장에서 다뤄보도록 하겠다.

3. 신경망 기초 – 비선형 변환이 필요한 이유

신경망에서 '층을 쌓는다'는 것의 의미가 무엇일까?

이전 장에서 살펴본 선형회귀 과정을 통해, '이전 층의 특성들의 가중합으로 새로운 특성들을 만들어내는 것'이 층을 쌓는 이유이자 의미라고 할 수 있다. 이 과정을 반복해 여러 층을 쌓고 반복적으로 학습을 진행하면, 처음 입력으로 주어진 특성들의 조합으로부터 생성된 수많은 특징들이 추출(extract)되어 모델이 훨씬 더 상세한 정보를 학습할 수 있게 된다.

신경망에서 입력과 출력을 제외한 층들을 **은닉층(hidden layer)**이라고 한다.

이 은닉층들을 여러 층으로 깊게(deep) 쌓을 때 주의할 점이 있다. 새로 만들어지는 특징들, 즉 노드(node)들이 각각 비선형(non-linear) 변환을 거치지 않는다면 아무리 깊게 층을 쌓더라도 단 하나의 은닉층보다 나은 효과를 내지 못하기 때문이다.

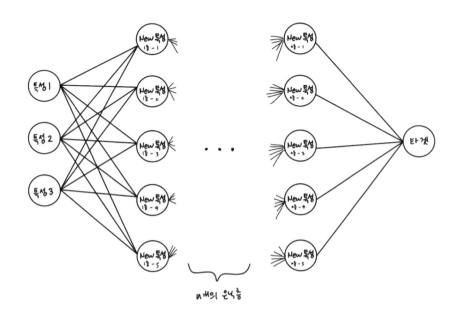

그 이유를 알아보기 위해 먼저 두 선형함수를 살펴보자. 이 두 함수는 x라는 입력이 들어왔을 때 각각 선형변환[1]된 출력을 반환하기 때문에 선형함수라고 할 수 있다.

$$f(x) = 2x + 1$$

$$g(x) = -x + 10$$

두 함수가 하는 역할을 좀 더 쉽게 표현하면 다음과 같다.

$$x \longrightarrow \boxed{f(x)} \longrightarrow 2x+1$$

$$x \longrightarrow \boxed{g(x)} \longrightarrow -x+10$$

자, 이제 10이라는 입력값을 두 함수에 차례로 통과시켜보자.

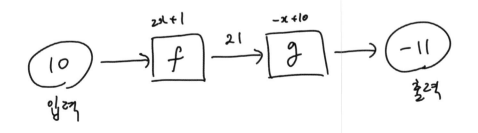

---

1 선형변환의 엄밀한 개념은 임의의 벡터 u, v와 임의의 스칼라 a에 대해 다음 두 조건이 성립하는 변환을 의미한다.
1) T(u + v) = T(u) + T(v)
2) T(av) = aT(v)

간단하게 직관적으로 설명하자면,
1) 직선 위에 있는 어떠한 두 벡터를 더해도 결국 직선 위를 벗어날 수 없고,
2) 직선 위에 있는 어떠한 한 벡터를 늘리거나 줄이거나 방향을 바꿔도 (즉, 상수배로 곱해도) 직선 위를 벗어날 수 없다.
더 자세한 내용은 선형대수학 기초를 참고하길 바란다.

10은 f 함수에 의해 21으로 변환되고, 그 21은 g 함수에 의해 -11로 변환되는 것을 볼 수 있다. 하지만 이 두 함수를 꼭 순차적으로 실행해야 결과를 볼 수 있을까?

$$f(x) = 2x + 1$$

$$g(x) = -x + 10$$

식을 자세히 살펴보면, 이 두 함수를 통과하는 변환은 단지 f와 g의 합성함수 하나로 표현할 수 있다.

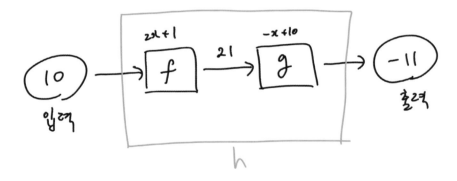

g(x)의 x에 f(x)의 출력에 해당하는 2x + 1을 넣어서 -(2x + 1) + 10을 계산하면 식을 도출할 수 있다.

새로운 함수 $$h(x) = -2x + 9$$

방금 무슨 일이 일어났는지 살펴보자.

우리는 f와 g라는 두 함수를 h라는 하나의 함수로 표현할 수 있었고, 굳이 f와 g 함수에 값을 순차적으로 통과시키지 않더라도 h 함수를 통해 한 번에 동일한 결과값을 얻을 수 있게 되었다.

마찬가지로, 은닉층을 2층으로 쌓더라도 그 변환이 단지 선형변환이라면 우리는 하나의 층으로 그 변환을 표현할 수 있다. 3층, 4층 나아가 수십 층을 쌓더라도 결국 하나의 층으로 표현할 수 있다. 이렇게 된다면, 은닉층을 깊게 쌓아 모델이 심층적인 학습을 할 수 있게 하려는 목적은 달성되지 못하게 된다.

그렇다면 어떻게 해야 하나의 변환으로 대체될 수 없는 깊은 은닉층을 만들 수 있을까? 바로 이전 층의 선형결합을 통해 새로운 특성이 만들어질 때마다, 그 값을 다음 층으로 전달하기 전에 비선형 변환을 시켜주면 된다.

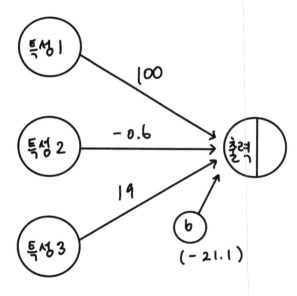

이전층의 출력 = (100 × 특성1) + ((-0.6) × 특성2) + (19 × 특성3) - 21.1

1. 선형결합을 통해 새로운 특성노드에 값이 정해진다.

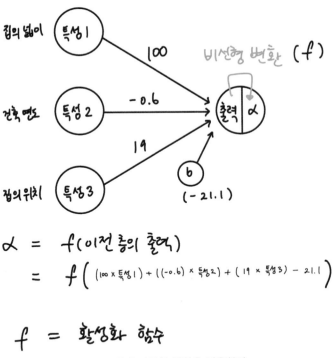

$$\alpha = f(\text{이전 층의 출력})$$
$$= f\left((100 \times \text{특성1}) + ((-0.6) \times \text{특성2}) + (19 \times \text{특성3}) - 21.1 \right)$$

$$f = \text{활성화 함수}$$

2. 그 값에 비선형 변환을 적용한다.

비선형 변환을 시켜주는 대표적인 비선형 함수로 시그모이드(sigmoid)가 있다.

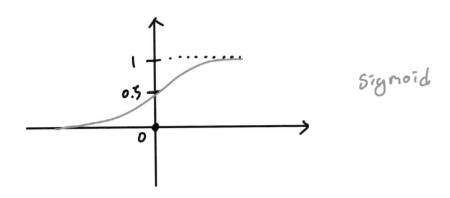

그래프를 살펴보면, 시그모이드 함수는 x축에 해당하는 입력에 대해서 0~1 사이의 값을 반환한다.

잘 와닿지 않을 수 있어서 임의의 숫자들을 시그모이드 함수에 입력해보았다.

시그모이드는 값이 큰 음수가 들어올 때 0에 매우 가까운 수를 반환하고, 0에 가까운 수가 들어올 때 0과 1의 중간인 0.5에 가까운 수를 반환하고, 값이 큰 양수가 들어올 때 1에 매우 가까운 수를 반환하는 것을 볼 수 있다.

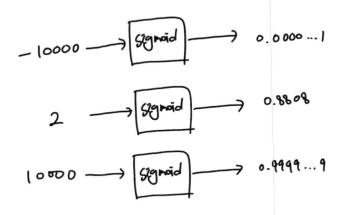

한마디로 시그모이드는 모든 실수를 입력 범위로 가지며, 0에서 1사이의 값을 반환하는데 이는 일종의 '스위치' 같은 역할을 한다.

신경망 모델의 모티브가 된 실제 인간의 뇌 신경망에서는, 이전 층의 뉴런들의 신호들이 조합되어 일정 임계값(threshold)을 넘을 경우에만 다음 층으로 신호가 전달되는 시스템이 존재한다. 이와 마찬가지로, 인공신경망에서도 이전 층의 특성들이 선형결합을 통해 새로운 특성을 생성하는데, 이 값이 임계값을 넘는지 안 넘는지에 따라 0과 1 둘 중 하나에 가까운 값으로 변환하는 시그모이드를 적용하는 것이다.

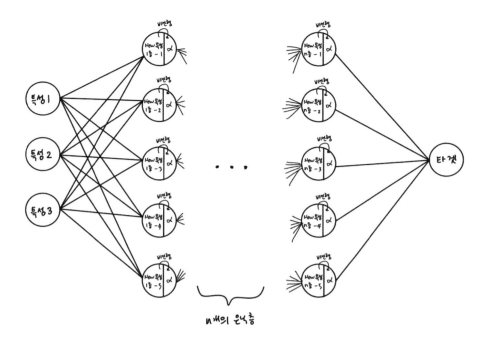

이러한 스위치 역할을 하는 비선형 함수들을 **활성화 함수**(activation function)라고 한다. 시그모이드 외에 렐루(ReLU) 등 다양한 함수들이 활성화 함수로 사용되고 있다.

이제 f, g 두 함수 사이에 비선형 변환인 시그모이드를 추가해보자.

f 함수의 출력인 21, -19라는 값이 시그모이드를 통과하면서 각각 0.99, 0.01이라는 값으로 변환되었다. 이 값들이 g 함수에 들어가 최종적으로 9.01, 9.99라는 값이 출력되며, 이 전체 과정은 하나의 선형함수로 대체할 수 없다.

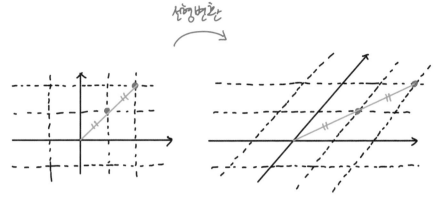

선형 변환을 좌표 축의 변환으로도 해석할 수 있다.
(변환 후에도 두 점 사이 거리의 비율이 유지됨)

비선형 변환을 이런 느낌으로 이해하는 것이 도움이 될 수 있다.
(변환 후에 비율이 유지되지 않음)

다음 장에서는 파이썬으로 활성화 함수 시그모이드와 렐루를 구현해 볼 것이다. 프로그래밍이 처음인 분들도 어렵지 않게 준비할 것이니 걱정할 필요는 없다.

파이썬 실습 – 시그모이드, 렐루 구현

이 책에서는 파이썬 설치와 실행에 대해서는 다루지 않는다.

대신 웹 브라우저에서 간편하게 코딩할 수 있는 무료 플랫폼 repl.it을 사용해 예시를 구성했다.

TIP-Replit.com 사용법

https://replit.com/ 에 접속 후 로그인한다.

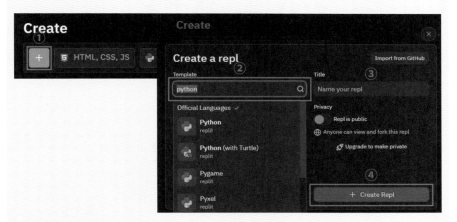

로그인 후 Create 하단의 +를 클릭한 후, Python을 선택하고 제목을 정한 뒤 Create Repl 버튼을 누른다.

앞서 살펴보았듯이, 함수(function)는 입력을 받아 특정한 처리를 한 뒤 출력한다.

입력 ──→ [함수] ──→ 출력

파이썬에서는 함수를 다음과 같이 정의(define)할 수 있다.

$$\text{def} \quad \text{함수\_이름} \, (\text{입력}):$$

$$\text{return} \quad \text{출력}$$

def 뒤에는 스페이스 1칸,
콜론(:) 다음 두번 째 줄 시작에는 들여쓰기(indent)를 입력한다.
들여쓰기는 tab 키를 눌러도 되고 스페이스를 4번 입력해도 된다.
설정에 따라 스페이스 2칸을 들여쓰기로 지정할 수도 있다.

예를 들어, 다음과 같은 함수를 살펴보자.

$$f(x) = 2x + 4$$

이 함수는 x 라는 입력이 들어왔을 때 2x + 4 라는 출력을 반환한다.

$$input = x$$

$$output = 2x + 4$$

이 함수를 그래프로 표현하면 다음과 같은 직선이 된다.

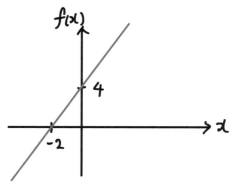

x축은 입력이고, y축은 출력을 의미한다.

위의 형식에 따라 함수 이름, 입력, 출력을 넣어주면 된다. 함수 이름은 파이썬 함수명 규칙만 만족한다면 어떤 것으로 지정해도 상관 없다. 우선 예제에서는 단순히 'function'으로 해보겠다.

$$\text{def} \quad \text{function} \ (x):$$

$$\text{return} \quad 2x + 4$$

이처럼 직관적이고 간단명료하게 코딩이 가능하다는 것이 파이썬이 사랑받는 이유 중 하나이다.

자, 이제 시그모이드 함수를 구현해보자. 시그모이드의 수식은 다음과 같다.

$$f(x) = \frac{1}{1 + e^{-x}}$$

여기서 e의 -x승이라는 기호가 등장하는데, 전혀 어렵게 생각할 필요가 없다.
e란 자연상수로서 2.718... 이라는 값을 가지는 하나의 상수(constant), 즉 고정된 수로 생각하면 된다. 직관적으로 파악하기 위해 2.7이라는 값으로 반올림해 보자.

x에 0이 들어온다면 e^(-x)는 2.7의 0승, 즉 1이 된다.
따라서 전체 식은 1 / (1 + 1) 이 되고 그 값은 0.5다.

x에 -1000이 들어온다면 2.7의 1000승이라는 엄청나게 큰 수가 된다.
따라서 전체 식은 1 / (1 + 큰 수) 가 되고 그 값은 0에 가까운 작은 수가 된다.

x에 1000이 들어온다면 2.7의 -1000승이라는 아주 작은 수가 된다.
따라서 전체 식은 1 / (1 + 작은 수) 가 되고 그 값은 1에 가까운 수가 된다.

그래프와 함께 그 의미를 살펴본다면 쉽게 이해할 수 있을 것이다.

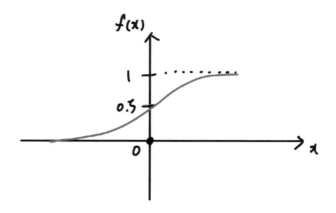

시그모이드 함수의 입력과 출력은 다음과 같다.

$$input = x$$

$$output = 1 / (1 + np.exp(-x))$$

여기서 exp는 지수함수(exponential function)의 앞글자에서 온 것이며, exp(x)는 e의 x승을 의미한다. 또한 분수를 표현할 때 파이썬은 '/' 기호를 사용한다.

수식	파이썬
$\frac{b}{a}$	b / a
e^x	np. exp(x)

np는 numpy라는 라이브러리에 존재하는 exp 함수를 사용한다는 뜻인데, 파이썬에서는 라이브러리를 불러올 때 코드의 제일 윗 부분에 다음과 같이 적어준다.

```
import 라이브러리
import 라이브러리 as 이름
```

아래 코드와 같이 'as'를 사용해 약칭으로 라이브러리를 호출할 수 있다.

따라서 시그모이드 함수의 전체 코드는 다음과 같다.

```python
import numpy as np

def sigmoid (x):
    return 1 / (1 + np.exp(-x))
```

exp 함수는 numpy 라이브러리 말고도 math 라이브러리에도 존재한다. math의 경우 따로 설치를 하지 않아도 사용이 가능한 표준 라이브러리이기 때문에, numpy가 설치되어 있지 않다면 아래와 같은 코드로 실행해도 결과는 동일하다. (repl.it의 경우는 numpy 라이브러리가 설치되어 있다.)

```python
import math

def sigmoid (x):
    return 1 / (1 + math.exp(-x))
```

자, 이제는 정의된 함수에다가 다양한 숫자를 입력으로 넣어보고 그 출력을 살펴보자. 이렇게 테스트케이스(test case)를 작성해서 구현이 제대로 되었는지 검증할 수 있다. 파이썬에서는 다음과 같이 여러 가지 수를 차례차례 넣어보고 그 반환값들을 문자로 출력(print)해 볼 수 있다.

```python
for 변수 in range (~부터, ~까지, ~만큼씩):
    print (변수)
```

시그모이드 함수에 -10 ~ 10 까지 수를 입력했을 때 어떤 출력이 나오는지 살펴보는 코드는 다음과 같이 작성할 수 있다.

```
for i in range(-10, 10, 1):
    print("sigmoid({}): {}".format(i, sigmoid(i)))
```

" ".format()이라는 포매팅 방법을 사용해 입력 i와 출력 sigmoid(i)를 각각 {} 안에 넣어주었다.

Run 버튼을 눌러 실행해보면 다음과 같은 결과를 볼 수 있다.

```
main.py                                          Console    Shell
1    import numpy as np                          sigmoid(-10): 4.5397868702434395e-05
2                                                sigmoid(-9): 0.00012339457598623172
3    def sigmoid(x):                             sigmoid(-8): 0.0003353501304664781
4      return 1 / (1 + np.exp(-x))               sigmoid(-7): 0.0009110511944006454
5                                                sigmoid(-6): 0.00247262315663 47743
6    for i in range(-10, 10, 1):                 sigmoid(-5): 0.0066928509242848554
7      print("sigmoid({}): {}".format(i, sigmoid(i)))  sigmoid(-4): 0.01798620996209156
                                                 sigmoid(-3): 0.0474258731775 6678
                                                 sigmoid(-2): 0.11920292202211755
                                                 sigmoid(-1): 0.2689414213699951
                                                 sigmoid(0): 0.5
                                                 sigmoid(1): 0.7310585786300049
                                                 sigmoid(2): 0.8807970779778823
                                                 sigmoid(3): 0.9525741268224334
                                                 sigmoid(4): 0.9820137900379085
                                                 sigmoid(5): 0.9933071490757153
                                                 sigmoid(6): 0.9975273768433653
                                                 sigmoid(7): 0.9990889488055994
                                                 sigmoid(8): 0.9996646498695336
                                                 sigmoid(9): 0.9998766054240137
                                                 >
```

[코드]

```
1:    import numpy as np
2:
3:    def sigmoid(x):
4:        return 1 / (1 + np.exp(-x))
5:
6:    for i in range(-10, 10, 1):
7:        print('sigmoid({}): {}'.format(i, sigmoid(i)))
```

[결과]

```
sigmoid(-10): 4.5397868702434395e-05
sigmoid(-9): 0.00012339457598623172
sigmoid(-8): 0.0003353501304664781
sigmoid(-7): 0.0009110511944006454
sigmoid(-6): 0.0024726231566347743
sigmoid(-5): 0.0066928509242848554
sigmoid(-4): 0.01798620996209156
sigmoid(-3): 0.04742587317756678
sigmoid(-2): 0.11920292202211755
sigmoid(-1): 0.2689414213699951
sigmoid(0): 0.5
sigmoid(1): 0.7310585786300049
sigmoid(2): 0.8807970779778823
sigmoid(3): 0.9525741268224334
sigmoid(4): 0.9820137900379085
sigmoid(5): 0.9933071490757153
sigmoid(6): 0.9975273768433653
sigmoid(7): 0.9990889488055994
sigmoid(8): 0.9996646498695336
sigmoid(9): 0.9998766054240137
```

여기서 e- 와 같은 기호는 자릿수라고 생각하면 된다.

예를 들어 1.00e03은 1000.0을 의미하며, 1.00e-03은 0.001을 의미한다. 1000에도 .0이 굳이 붙는 이유는 컴퓨터 언어에서는 변수를 타입(type)에 따라 다르게 저장하는데, 지금 결과값이 담긴 변수의 형식이 float라는 소숫점 타입이기 때문이다.

보다 널리 쓰이는 활성화 함수인 렐루(ReLU) 구현은 과제로 남겨두겠다.

힌트가 있으니 고민하면서 시도해본다면 어렵지 않을 것이다.

$$\boxed{\text{과제}}$$

어떤 수가 들어와도 0~1 사이의 값을 반환하는 시그모이드의 특징 때문에, 층이 점점 더 쌓이고 신경망이 깊어질 수록 기울기(gradient) 값이 0에 가까워지게 된다. 따라서 시그모이드를 신경망의 비선형 함수로 사용하는 경우에, 층이 점점 많아지고 신경망이 깊어질 때 학습이 잘 이루어지지 않는 현상이 발생한다. 이를 기울기 소실(gradient vanishing)이라고 한다.

렐루를 비선형 함수로 사용하는 경우에는 이 문제가 발생하지 않는다. 렐루는 깊은 신경망이 가능해지면서 인기를 얻기 시작해, 현재 가장 많이 사용되는 활성화 함수로 꼽힌다. 이번 과제로 바로 이 렐루를 구현해보자. 어렵지 않으니 걱정할 필요는 없다.

l. 렐루 수식

$$f(x) = \begin{cases} 0 & (x < 0) \\ x & (x \geq 0) \end{cases}$$

2. 렐루 그래프

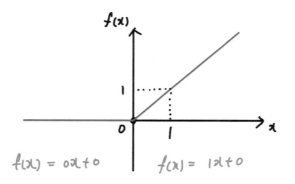

3. 조건문을 이용한 렐루 구현

```
def relu (x):
    if x < 0:
        return  0
    else:
        return  x
```

파이썬은 'if 조건: (들여쓰기) 실행' 형식으로 조건문을 만들 수 있다.
조건 x < 0 이 만족된다면 0이 반환되고, 그렇지 않다면 (x >= 0) x가 그대로 반환된다.

4. max 함수를 이용한 렐루 구현

```
def relu (x):
    return
```

1) 아래 힌트를 참고해 빈칸에 들어갈 코드를 구현할 것 (한 줄로 작성할 것)
2) 시그모이드 예제에서 했던 것처럼 테스트케이스를 만들어 검증해볼 것

[Hint] max (a,b) ⇒ a,b 중 가장 큰 수 출력
max (0, 3) ⇒ 3
max (-3, 0) ⇒ 0

※ 4번 정답은 184p로

4. 신경망 기초 -가중치 행렬 한방에 이해하기

신경망은 이전 층의 특성들의 선형결합을 통해 새로운 특징들을 추출해내는 모델이다. 딥러닝이란 신경망 구조 내의 층들을 깊게 쌓아 데이터의 특성들을 디테일하게 학습하는 것이다. 물론 지난 장에서 살펴보았듯이 선형 변환은 여러 번 진행하더라도 하나의 선형 변환으로 대체될 수 있기 때문에, 각 노드 마다 비선형 변환을 적용해야 한다.

이전 층의 특성들은 다음과 같이 각각 저마다 다른 가중치와 곱해서 더해지게 된다. 이때 이전 층의 특성들이 어떤 가중치들로 조합되느냐에 따라 생성되는 특성의 의미가 달라지게 되고, 최종적으로 모델이 학습을 진행함에 따라 바로 이 가중치들이 변해가면서 데이터의 특성을 더 잘 추출하고 더 예측을 잘 하는 모델이 되어가는 것이다.

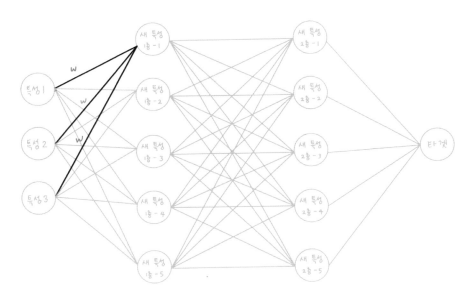

하나의 특성을 생성하는 가중치들은 다음과 같이 하나의 벡터(vector)로 묶어서 표현할 수 있다.

w 밑의 숫자들은 "1층"의 "1번째" 특성을 생성하는 가중치 벡터임을 가리킨다고 생각하면 된다.

$$W_{11} = \begin{bmatrix} w \\ w \\ w \end{bmatrix} \qquad W_{\substack{11 \\ 1층 - 1}}$$

벡터란 쉽게 말해서 여러 개의 값을 묶어놓은 것이다. 행렬은 벡터를 여러 개 묶어놓은 것이다.

$$벡터 = \begin{bmatrix} 값 \\ 값 \\ 값 \end{bmatrix}$$

$$행렬 = \begin{bmatrix} \begin{bmatrix} 벡 \\ 터 \end{bmatrix} & \begin{bmatrix} 벡 \\ 터 \end{bmatrix} & \begin{bmatrix} 벡 \\ 터 \end{bmatrix} \end{bmatrix}$$

신경망 1층의 두 번째 특성을 생성하는 가중치 벡터는 마찬가지로 다음과 같이 표현할 수 있다.

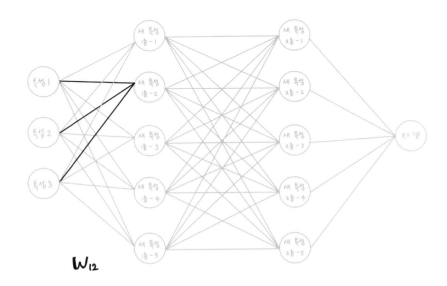

W_{12}

자, 이제 우리의 데이터로 돌아가보자.

세 가지 특성을 가지며, "집의 가격"이라는 타겟을 가지는 집들에 대한 데이터였다.

	집의 넓이	건축연도	집의 위치	집의 가격
집1	20	1994	서울	2억
집2	14	2009	광역시	1.5억
집3	31	2010	서울	4억
⋮				

이 데이터를 학습에 사용하기 위해서 다음과 같이 행렬로 만들 수 있다.

이 때 행렬은 세 가지 특성 벡터들을 묶어놓은 것으로 해석해도 되고, 여러 가지 집 벡터들을 묶어놓은 것으로 해석해도 된다. 첫 번째를 열 벡터 (세로로 길쭉) 라고 하며, 두 번째를 행 벡터 (가로로 길쭉) 라고 한다.

	집의 넓이	건축연도	집의 위치	집의 가격
집1	20	1994	서울	2억
집2	14	2009	광역시	1.5억
집3	31	2010	서울	4억
⋮				

물론, "정답"에 해당하는 타겟(레이블)은 따로 보관을 해두어야 한다. 모델이 학습하고 내놓는 예측에 대해 얼마나 정답에서 먼 지 체크하고, 어떻게 학습해야 정답과 더 가까

워질 수 있을지 계산해야 하기 때문이다.

$$
\begin{bmatrix}
20 & 1994 & 서울 \\
14 & 2009 & 광역시 \\
31 & 2010 & 서울
\end{bmatrix}
\qquad
\begin{bmatrix}
2억 \\
1.5억 \\
4억
\end{bmatrix}
$$

레이블

여기서 그런데 "서울", "광역시"와 같이 숫자가 아닌 값들은 어떻게 처리해야 할까? 자연어 처리(Natural Language Process) 분야에서는 실제로 텍스트를 입력으로 받아서 모델이 특성을 추출하고 원하는 예측을 진행하기도 한다.[1] 하지만 우리가 살펴볼 단순한 모델은 오직 숫자만을 입력으로 받는다고 하자. 이 경우, 쉬운 방법으로는 텍스트의 종류별로 번호를 하나씩 할당해 줄 수 있을 것이다.

지방 : 0

광역시 : 1

서울 : 2

하지만 이대로 학습을 진행해도 괜찮을까?

다른 특성들을 살펴보면 숫자들이 서로 비교할 수 있는 값을 가리키고 있는데, 위의 경우에는 단순히 번호에 지나지 않기 때문에 값끼리 비교할 수가 없다.

광역시 x 2 = 서울 ?   ✕

이런 경우에, 우리는 특성을 여러 개로 쪼개서 문제를 해결할 수 있다.

---

1 이 경우에도 사실은 문자를 인코딩하여 숫자로 표현하거나, 단어를 임베딩하여 벡터로 표현한 뒤 모델에 입력하게 된다.

다음과 같이 지방인지 아닌지, 광역시인지 아닌지, 서울인지 아닌지에 대한 "예/아니오" 변수 세 개로 말이다.

	is 지방 ?	is 광역시 ?	is 서울 ?
지방 :	1	0	0
광역시 :	0	1	0
서울 :	0	0	1

이 과정을 **원-핫 인코딩**(one-hot encoding)이라고 한다.

"집의 위치"라는 특성 벡터는 다음과 같이 세 개의 원-핫 벡터로 바뀌게 된다.

$$\begin{bmatrix} 20 & 1994 & 서울 \\ 14 & 2009 & 광역시 \\ 31 & 2010 & 서울 \end{bmatrix}$$

$$\Rightarrow \begin{bmatrix} 20 & 1994 & 0 & 0 & 1 \\ 14 & 2009 & 0 & 1 & 0 \\ 31 & 2010 & 0 & 0 & 1 \end{bmatrix}$$

입력 데이터를 행렬 형태로 바꾸는데 성공했으니, 이제 가중치 행렬이 어떻게 곱해지는지 살펴보자. 다음 벡터 두 개가 있다.

$$\begin{bmatrix} 1 & 2 & 3 \end{bmatrix} \qquad \begin{bmatrix} 2 \\ 2 \\ 2 \end{bmatrix}$$

이 두 벡터를 곱하면 다음과 같다.

$$\begin{bmatrix} 1 & 2 & 3 \end{bmatrix} \begin{bmatrix} 2 \\ 2 \\ 2 \end{bmatrix} = 1 \times 2 + 2 \times 2 + 3 \times 2$$

$$= 2 + 4 + 6$$

$$= 12$$

먼저 왼쪽 벡터의 (왼쪽에서) 첫 번째 값과 오른쪽 벡터의 (위에서) 첫 번째 값이 곱해진다. 그리고 왼쪽 벡터의 두 번째 값과 오른쪽 벡터의 두 번째 값이 곱해진다. 세 번째역시 마찬가지다. 그리고 나서, 이 세 값들을 더해주면 최종 결과값이 나온다. 이를 **행렬곱**(matrix multiplication)이라고 하는데, 한 줄이 아닌 여러 줄인 경우도 살펴보자.[2]

$$\begin{bmatrix} 1 & 2 & 3 \\ 4 & 5 & 6 \end{bmatrix} \begin{bmatrix} 1 \\ 1 \\ 0 \end{bmatrix} = \begin{bmatrix} 3 \end{bmatrix}$$

$$\begin{bmatrix} 1 & 2 & 3 \\ 4 & 5 & 6 \end{bmatrix} \begin{bmatrix} 1 \\ 1 \\ 0 \end{bmatrix} = \begin{bmatrix} 3 \\ 9 \end{bmatrix}$$

왼쪽이 행렬인 경우인데, 이걸 가로로 길쭉한 행벡터 두 개로 생각하면 이해하기 쉽다.

왼쪽 행렬의 첫 번째 행벡터와 오른쪽 벡터가 행렬곱 연산을 통해 하나의 값이 나온다.
왼쪽 행렬의 두 번째 행벡터와 오른쪽 벡터가 행렬곱 연산을 통해 하나의 값이 나온다.
이 두 값을 2X1 행렬[3]의 1행, 2행에 각각 넣으면 결과가 된다.

---

2 위 두 벡터를 1 x 3 행렬, 3 x 1 행렬로 해석한 것이다.

3 행렬의 크기는 m x n 형태로 나타낸다. (m: 행 개수, n: 열 개수)

행렬곱을 활용하면, 입력 데이터 행렬과 가중치 행렬을 쉽게 계산할 수 있다.

우선 그림과 같이 입력 데이터 2개가 묶인 행렬과 가중치 벡터를 생각해 보자.

$$
\begin{bmatrix} \text{데이터 1} \\ \text{데이터 2} \end{bmatrix}
\begin{bmatrix} \text{가} \\ \text{중} \\ \text{치} \end{bmatrix}
$$

먼저 데이터1의 특성들과, 각각 특성의 가중치가 곱해져서 하나의 값이 나온다.

데이터2의 경우도 마찬가지다.

$$
\begin{bmatrix} \text{특성1} & \text{특성2} & \text{특성3} \end{bmatrix}
\begin{bmatrix} W_{\text{특성1}} \\ W_{\text{특성2}} \\ W_{\text{특성3}} \end{bmatrix}
=
\begin{bmatrix} \text{값} \end{bmatrix}
$$

$$
\begin{bmatrix} & \\ \text{특성1} & \text{특성2} & \text{특성3} \end{bmatrix}
\begin{bmatrix} W_{\text{특성1}} \\ W_{\text{특성2}} \\ W_{\text{특성3}} \end{bmatrix}
=
\begin{bmatrix} \text{값} \\ \text{값} \end{bmatrix}
$$

여기서 중요한 점은 여러 데이터가 들어오지만 가중치는 동일한 값들이 사용된다는 점이다. 수많은 데이터의 특성을 추출하고 학습하는 딥러닝의 원리를 생각해보면, 여러 데이터를 표현할 수 있는 일반화된 가중치 행렬을 구하는 것이 바로 학습의 목표라고 할 수 있는 것이다.

$$\begin{bmatrix} 특성1 & 특성2 & 특성3 & 1 \end{bmatrix} \begin{bmatrix} w_1 \\ w_2 \\ w_3 \\ b \end{bmatrix} = \begin{bmatrix} 값 \end{bmatrix}$$

$$값 = (특성1 \times w_1) + (특성2 \times w_2) + (특성3 \times w_3) + b$$

위와 같이 데이터 행렬에 1이 있는 열을 하나 추가하고, 가중치 벡터에 현향 b (bias) 를 추가하면 완전한 선형변환이 된다. 물론 행렬에 직접 b를 각각 더해줘도 되지만, 행렬 간의 곱으로 한번에 표현하는 방법이 있다는 사실을 알아두면 좋다.

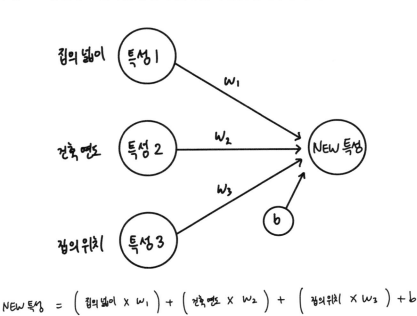

$$NEW \, 특성 = \left(집의 \, 넓이 \times w_1 \right) + \left(건축 \, 면도 \times w_2 \right) + \left(집의 \, 위치 \times w_3 \right) + b$$

이제 선형회귀가 좀 더 와닿지 않는가?

물론 행렬곱을 사용하지 않고도 순차적으로 하나씩 계산을 할 수 있다. 하지만, 행렬 계산의 경우 GPU를 사용해 병렬적으로 계산이 가능하기 때문에 훨씬 더 빠르다. 학계에서 잊혀져가던 신경망 모델이, GPU 성능의 비약적인 발전과 함께 2010년대에 부활한 것은 우연이 아니라고 할 수 있다.

데이터가 여러 개 들어오는 경우는 확인했지만, 가중치가 여러 개 들어오는 경우에는 어떤 일이 일어날까? 가중치 벡터가 여러 개가 되면, 새로 생성하는 다음 층의 특성의 개수가 여러 개로 늘어난다.

$$\begin{bmatrix} 특성1 & 특성2 & 특성3 & 1 \end{bmatrix} \begin{bmatrix} w_1 & w_1' \\ w_2 & w_2' \\ w_3 & w_3' \\ b & b' \end{bmatrix} = \begin{bmatrix} 새\ 특성1 & 새\ 특성2 \end{bmatrix}$$

$$새\ 특성1 = (특성1 \times w_1) + (특성2 \times w_2) + (특성3 \times w_3) + b$$

$$새\ 특성2 = (특성1 \times w_1') + (특성2 \times w_2') + (특성3 \times w_3') + b'$$

그림과 같이, 가중치 행렬의 첫 번째 열벡터가 데이터1 벡터와 선형결합을 통해 "새 특성1" 결과값을 만든다.

두 번째 가중치 벡터와 데이터1 벡터의 선형결합은 "새 특성2" 결과값을 만든다.

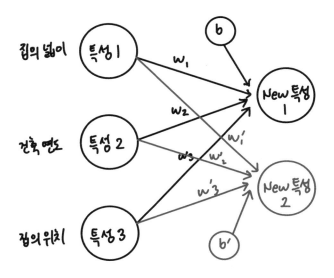

$$New\ 특성1 = (특성1 \times w_1) + (특성2 \times w_2) + (특성3 \times w_3) + bias$$

$$New\ 특성2 = (특성1 \times w_1') + (특성2 \times w_2') + (특성3 \times w_3') + bias'$$

방금 살펴본 행렬 연산은 이 그림의 연산과 같은 의미다.

데이터 행렬과 가중치 행렬을 다음과 같은 이미지로 기억해둔다면, 딥러닝을 이해할 때 여러 모로 도움이 될 것이다.

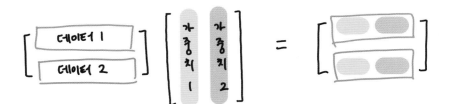

여기서 데이터가 더 많아지면, 행렬곱 (즉, 선형회귀) 으로 출력되는 결과 행렬의 행이 같은 개수만큼 늘어난다.

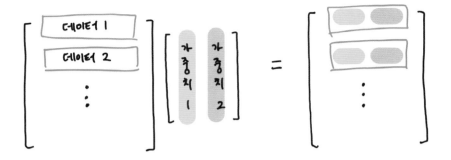

가중치 벡터가 더 많아지면, 새로 추출되는 특성의 개수가 늘어나 결과 행렬의 열이 같은 개수만큼 늘어난다.

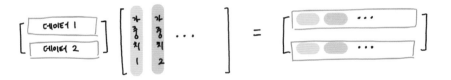

우리 데이터로 다시 돌아가보자.

이 경우에는 특성의 개수가 5개이므로, 5개의 가중치 변수가 필요하다. (1과 b는 bias를 계산하려고 포함한 것임을 잊지 말자)

$$\begin{bmatrix} 20 & 1994 & 0 & 0 & 1 & 1 \\ 14 & 2009 & 0 & 1 & 0 & 1 \\ 31 & 2010 & 0 & 0 & 1 & 1 \end{bmatrix} \begin{bmatrix} w_1 \\ w_2 \\ w_3 \\ w_4 \\ w_5 \\ b \end{bmatrix}$$

여기서 잠시 언급하고 넘어갈 부분이 있다.

특성 2의 경우, "집의 연도"에 해당하는 값들이기 때문에 숫자들의 크기가 매우 크다. 이렇게 되면, 이 값들에 곱해지는 W_2 가중치에 따라 결과값이 크게 좌지우지되고, 결국 집이 언제 지어졌냐에만 집중해서 집의 가격을 예측해버리는 왜곡된 모델을 얻게된다.

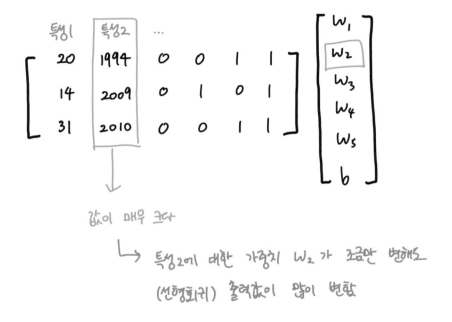

이 문제를 어떻게 해결할 수 있을까?

단순한 방법으로는, 특성의 숫자들이 가지는 범위가 제각각이므로, 각 특성의 평균을 구한 뒤 평균에서 얼마나 멀어진 값인지를 대신 적는 것이다.

특성 1의 경우는 평균이 21.7이므로, 세 값에서 평균을 빼면 -1.7, -7.7, 9.3이 된다.
특성 2의 경우는 평균이 2004.3이므로, 세 값에서 평균을 빼면 -10.3, 4.7, 5.7이 된다.

이렇게 특성들의 범위를 비슷하게 맞춰주는 것을 데이터 **스케일링**(scaling), 또는 **정규화**(normalization)라고 한다.[4] 실제로 사용되는 스케일러의 경우 표준편차 등의 통계치도 활용해서 계산한다.

---

4 엄밀하게는 (x - 최솟값) / (최댓값 - 최솟값) 공식을 통해 모든 값을 0~1 사이로 바꾸는 과정이다.

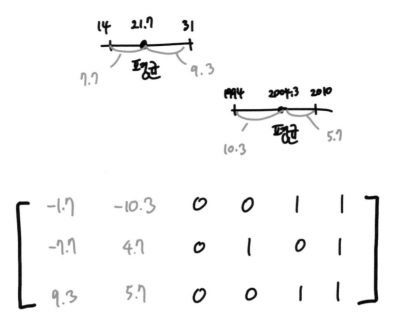

이제 가중치 벡터를 더 추가해보자.

가중치 벡터의 개수가 바로 다음 층에 새로 추출될 특성의 개수다.

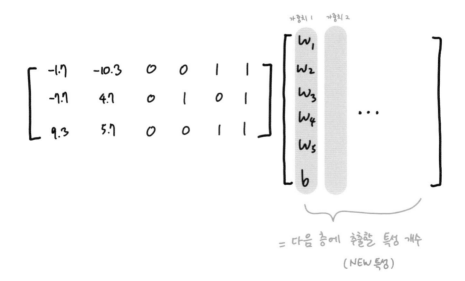

다음은 5개의 특성에 가중치 벡터 3개 짜리 가중치 행렬이 나타내는 신경망이다.

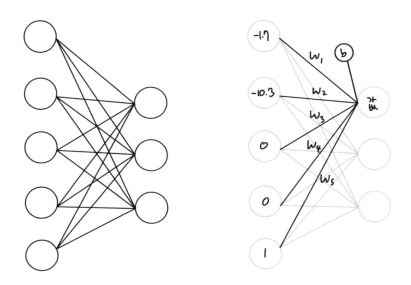

첫 번째 데이터가 들어왔을 때, 위와 같이 첫 번째 가중치 벡터와 곱해지면 다음 층 첫 번째 특성에 해당하는 값이 나온다. 남은 두 개의 특성도 마찬가지로, 첫 번째 데이터가 두 번째, 세 번째 가중치 벡터와 곱해지면 값이 나올 것이다.

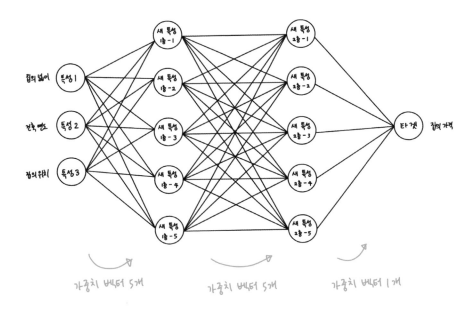

이제 복잡하게 연결된 신경망 그림이 눈에 들어오기 시작할 것이다.

결국 다음 층의 노드 개수가 바로 이전 층과 곱해질 가중치 벡터의 개수인 것이다.

다음 장에서는 파이썬으로 데이터 행렬과 가중치 행렬을 생성하고 곱해볼 것이다. 이번 실습도 물론 아주 쉽게 준비할 것이니 걱정할 필요는 없다.

파이썬 실습 - 가중치 행렬 연산

이전 장에서 신경망에서 가중치 행렬의 의미를 다뤘으니, 이번 장에서는 가중치 행렬 연산을 실습해보기로 하자.

TIP

Setting에서 Indent size를 4로 설정하면 더 파이썬다운 레이아웃을 설정할 수 있다.

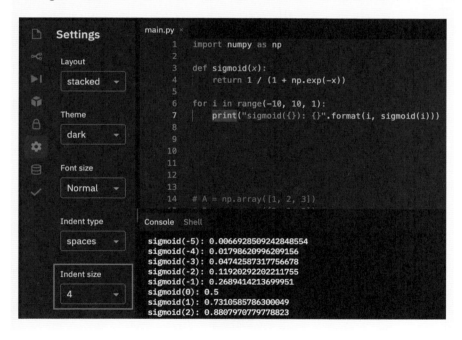

행렬을 파이썬에서 표현하려면 일반적으로 넘파이(numpy)의 배열(array)을 사용한다. 그 형식은 다음과 같다.[1]

---

[1] "np."에 대해서는 이전 실습을 참고할 것

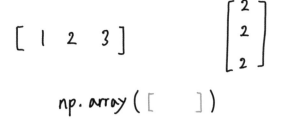

$$\begin{bmatrix} 1 & 2 & 3 \end{bmatrix} \qquad \begin{bmatrix} 2 \\ 2 \\ 2 \end{bmatrix}$$

$$np.\ array\left(\begin{bmatrix} \quad \end{bmatrix} \right)$$

대괄호 [] 안에 숫자나 변수를 넣어주면 된다.

```
A = np.array([1, 2, 3])
B = np.array([2, 2, 2])
```

이때 배열(벡터) B의 경우 세로로 세워줘야 행렬곱을 계산할 수 있는데, 이 변환 과정을 **전치**(transpose)라고 한다.

이 예제의 경우 행렬이 아니라 한 줄 짜리 벡터이기 때문에 전치를 하지 않더라도 같은 결과가 계산된다. 하지만 예를 들어 3x3 행렬의 경우 전치를 하지 않는다면 세로-가로가 바뀐 채로 계산이 되기 때문에 주의해야 한다.

$$\begin{bmatrix} 1 & 1 & 0 \end{bmatrix} \implies \begin{bmatrix} 1 \\ 1 \\ 0 \end{bmatrix}$$

전치 ↻

넘파이에서는 배열 뒤에 ".T"를 붙이는 방식으로 전치행렬을 만들 수 있다.

B.T

이제 A, B 두 배열을 행렬곱(matrix multiplication)해보자.

$$\begin{bmatrix} 1 & 2 & 3 \end{bmatrix} \begin{bmatrix} 2 \\ 2 \\ 2 \end{bmatrix} = 1 \times 2 + 2 \times 2 + 3 \times 2$$

$$= 2 + 4 + 6$$

$$= 12$$

행렬곱은 다음과 같이 작성할 수 있다.

$$np.matmul (행렬1, 행렬2)$$

반환되는 결과를 확인하기 위해 print() 함수에 넣어서 행렬곱을 넣어보자.

```
print(np.matmul(A, B.T))
```

Run 버튼을 눌러보면 "12"라는 결과를 확인할 수 있을 것이다.

```
Console  Shell

12
```

이번에는 행이 2개인 행렬과 벡터의 행렬곱을 계산해 보자.

벡터가 여러 개 모인 행렬의 경우 다음과 같이 입력할 수 있다.

$$np.array ([[\quad], [\quad], [\quad]])$$

차례대로 1행, 2행 순으로 생각하면 된다.

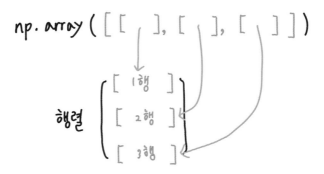

이전 장에서 다룬 예제를 실제로 구현해서 올바른 결과가 나오는지 확인해보자.

$$\begin{bmatrix} 1 & 2 & 3 \\ 4 & 5 & 6 \end{bmatrix} \begin{bmatrix} 1 \\ 1 \\ 0 \end{bmatrix} = \begin{bmatrix} 3 \\ 9 \end{bmatrix}$$

```
A2 = np.array([[1, 2, 3], [4, 5, 6]])
B2 = np.array([1, 1, 0])

print(np.matmul(A2, B2.T))
```

Console   Shell

[3 9]

그림에서와 같이 [3 9] 가 출력되는 것을 확인할 수 있을 것이다.

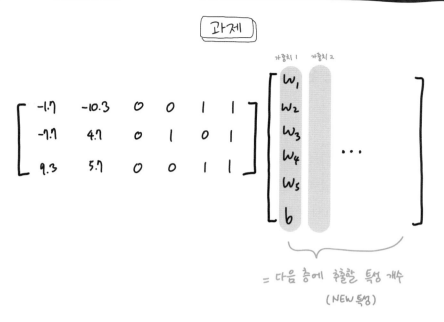

1. 데이터 행렬 X를 위와 같이 생성하고 출력해볼 것.

    ```
    X = np.array([[-1.7, ...
    ```

2. 6개의 숫자가 담긴 가중치 행렬 W를 생성하고 출력해볼 것.

    (가중치 W_1, W_2, W_3, W_4, W_5, b에는 넣고 싶은 숫자를 넣어볼 것.)

    ```
    W = np.array([2, -2, 0.5, ...
    ```

3. X와 W.T의 행렬곱 연산을 출력해볼 것.

    (결과로 3개의 값이 담긴 벡터가 출력되어야 한다.)

4. 하나의 벡터가 아닌 여러 개의 벡터로 이루어진 (n x 6 행렬) 가중치 행렬 W2를 생성하고 W2.T를 위의 그림처럼 출력되게 만들 것.

    (2번과 마찬가지로 행렬 안의 숫자들은 마음대로 정할 것.)

    (6개 숫자들의 묶음인 가중치 벡터가 한 줄씩 늘어날 때마다 X와 W2.T의 행렬곱 연산 결과를 살펴볼 것.)

    ```
    W2 = np.array([[0.7, 0, -1, 2, 0.1, -3], [2, 0, ...
    ```

    ※ 과제 정답은 184p로

5. 신경망 학습 - 경사하강법

신경망을 학습시킨다는 것은 모델이 더 예측을 잘 하는 방향으로 가중치를 업데이트해 가는 과정이라고 할 수 있다. 그런데 어떤 방향으로, 또 얼마나 업데이트해야 할까? 우선 우리의 신경망 학습이 최종적으로 도달하고자 하는 곳을 살펴보자.

아래의 그래프는 가로가 가중치 w의 값을 나타내고, 세로가 비용을 나타낸다. 예측한 결과가 실제 결과와 얼마나 다른 지를 나타내는 값이 비용임을 생각해보면, 이 비용을 최소한으로 줄여나가는 것이 학습의 목적이라는 것을 이해할 수 있다. (실제로 일반적인 용어로 비용 함수를 "목적 함수"라고 한다.)

우리가 학습을 통해 도달하고자 하는 목적지를 최적값(optimum), 혹은 더 쉽게 최솟값 (minimum)이라고 한다. 비용을 최솟값으로 만드는 가중치 w를 "최적 w"라고 하자. 그런데 가중치를 이 최적 w로 단번에 업데이트하지 않고, 굳이 여러 번씩 업데이트해가면서 학습하는 이유가 뭘까?

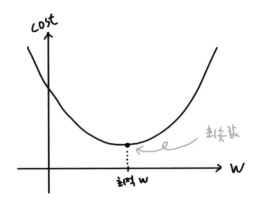

최적 w로 단번에 업데이트를 하는 방법은 위의 그래프가 어떻게 생겼는지 정확히 아는 상태에서만 가능하다.

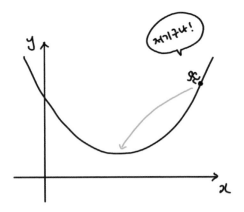

하지만 우리가 처해 있는 상황은, 다음과 같이 작은 촛불에 의지해서 길을 찾아야 하는 길 잃은 등산객과 비슷하다.

최솟값으로 가기 위해서, 우리는 어느 방향으로 몇 발자국 정도 내디뎌볼지 정도만 선택할 수 있다. 그 방법으로 기울기(gradient)를 이용해 볼 수 있다.

여기서 잠깐 기울기에 대해서 복습을 하고 넘어가자. 기울기는 간단히 말하면 "순간 변화량"이라고 할 수 있다.

기울기 = 순간 변화량

기울기가 작다면, 그 순간에 있어 변화량이 작은 것이다.

기울기가 크다면, 그 순간에 있어 변화량이 큰 것이다.

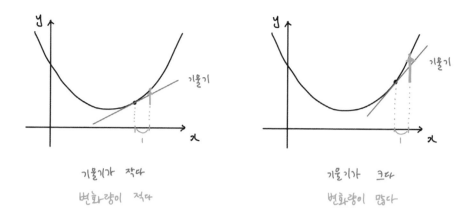

이 기울기를 가지고 어느 방향으로 가야하는 지를 어떻게 알 수 있을까?

다음과 같은 상황을 한 번 생각해 보자. 현재 가중치 w의 값은 30이고, 이 때의 비용은 10이다. 어느 방향으로 이동해야 비용이 줄어들까?

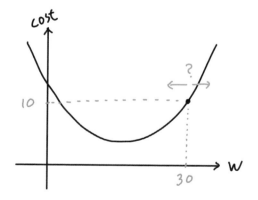

바로 왼쪽으로 이동하는 것이 비용을 감소시킬 수 있다. 즉, 가중치 w의 값을 더 작은 값으로 업데이트시키면 된다.

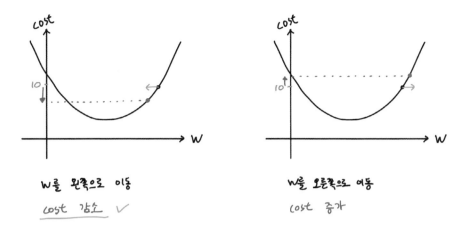

W를 왼쪽으로 이동

cost 감소 ✓

W를 오른쪽으로 이동

cost 증가

반대의 경우도 한 번 살펴보자. 이 경우에는 가중치 w가 어느 방향으로 이동해야 비용을 줄일 수 있을까?

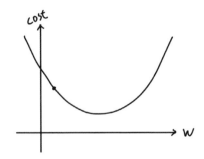

바로 오른쪽이다. 즉, 가중치 w의 값을 더 큰 값으로 업데이트시키면 된다.

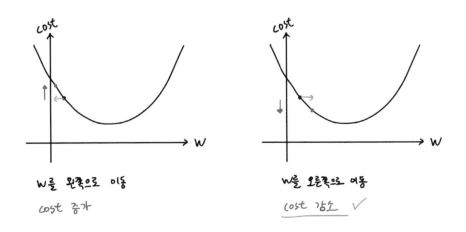

W를 왼쪽으로 이동

cost 증가

W를 오른쪽으로 이동

cost 감소 ✓

위에서 살펴본 두 위치의 기울기를 한 번 구해보자.

처음 살펴보았던 경우는 기울기가 양수다.

이 경우에는 왼쪽으로 이동하면 된다. (가중치 w값 감소)

두 번째로 살펴보았던 경우는 기울기가 음수다.

이 경우에는 오른쪽으로 이동하면 된다. (가중치 w값 증가)

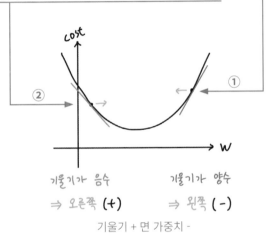

앞서 이야기한 두 가지 경우를 일반화시켜보자.

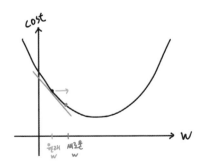

원래 가중치 w가 새로운 w로 업데이트될 때의 공식은 다음과 같다.

$$새로운\ W\ =\ 원래\ W\ +\ (기울기\ 반대\ 방향)$$

이를 더 쉽게 나타낸다면 다음과 같다.

$$새로운\ W\ =\ 원래\ W\ -\ 기울기$$

하지만 이 경우 "기울기"라는 값이 매우 큰 값이 나올 수 있다. 예를 들어, 원래 w가 1이고 최적 w가 2인 상황에서 기울기 5를 방향만 맞다고 더해버리면 다음과 같이 최솟값을 넘어 엉뚱한 곳으로 갈 수 있다. 즉, 비용의 최솟값으로 가기 위한 방향은 맞지만, 너무 많이 움직여버리면 오히려 최솟값에서 더 멀어질 수 있는 것이다.

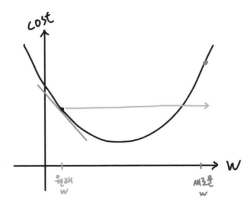

이를 방지하기 위해서 우리는 항상 기울기에 작은 상수를 곱해서 사용한다. 이를 **학습률(learning rate)**이라고 한다.

$$새로운\ W\ =\ 원래\ W\ -\ 0.01\ \times\ 기울기$$

learning rate

이 학습률은 말 그대로 매 업데이트 마다 학습을 얼마나 시킬지를 결정하는데, 신경망 학습에 있어서 매우 중요한 요소이다. 학습을 통해 최적값이 나오는 게 아니라, 학습률만 바꿔가면서 신경망 학습을 여러 번 시도해보면서 찾아내야하는 변수라고 할 수 있다. 이러한 변수를 하이퍼파라미터(hyperparameter)[1]라고 한다.

머신러닝 서적이나 강의를 보면 다음과 같은 수식이 등장한다. 이 수식이 의미하는 바는 사실 위에서 우리가 다룬 식과 완전히 동일하다. 수식이 의미하는 바만 차근차근 이해해 나간다면, 어려워 보이는 수식들도 전혀 두려워할 필요가 없다.

$$w := w - \alpha \frac{\partial C}{\partial w}$$

이 수식에서 등호(=) 기호가 콜론과 함께 등장하는데, 이는 "w 라는 변수를 이런 값으로 업데이트하겠다"는 의미로 이해하면 된다. 파이썬 코드에서는 등호만 사용된다.
알파(α)는 단순히 학습률을 의미하는 기호라고 보면 된다.(에타(η)로 표기하기도 한다.)
알파 뒤에 등장하는 기호들은 단순히 "기울기"를 의미한다.
기울기란 앞서 다뤘듯이 순간 변화율을 의미하는데, 다시 말해 분모에 있는 변수가 변할 때 분자에 있는 변수가 얼마나 변하는지를 의미한다고 보면 된다.

시간이 변할 때 속도가 얼마나 변하는지가 바로 가속도인 것처럼 말이다.[2]

$$\frac{\partial Cost}{\partial w} \qquad \text{W가 변할 때, Cost가 얼마나 변하는지}$$

이 기울기는 "미분"을 통해 구할 수 있다. 우리가 고등학교 때 배웠던 미분은 다음과 같다.

---

1 매개변수(parameter)는 보통 함수에 입력값으로 들어와 어떤 설정값을 지정하는 변수라고 생각하면 된다. 하이퍼파라미터란 그보다 더 고차원으로, 신경망 학습이라는 시스템에 입력값으로 들어와 학습에 대한 설정값을 지정하는 변수라고 생각하면 된다.
2 정확히는 '단위 시간'에서 속도의 변화량을 의미한다. 즉, '시간이 1 만큼 변할 때 속도가 얼마나 변하는지'가 보다 정확한 표현이라 할 수 있다.

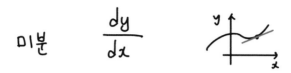

눈치챘겠지만, 우리가 신경망에서 사용하는 미분은 기호가 조금 다르다. 왜냐하면 여기서는 "편미분"이 사용되기 때문이다.

편미분이란 단순히 여러 개의 변수들 중에서 딱 두 개만 보겠다는 뜻으로 이해하면 쉽다. 신경망 층에서 수많은 가중치 W_1, W_2, ... 들로 구성된 식에서, 딱 W_1이 변할 때 cost 가 어떻게 변하는지만 보겠다는 것이다.

다음과 같이 x, y, z 축의 그래프가 있다고 생각해 보자.

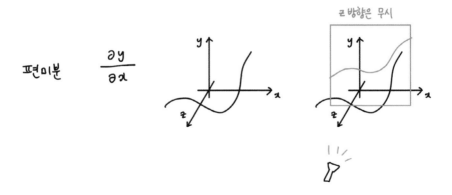

이때 x에 대한 y의 편미분 값은, z를 무시한 채 x, y 평면에서 기울기를 계산하면 된다.[3]

신경망에서는 이전 장들에서 살펴보았듯이, 가중치 w가 하나만 존재하는 게 아니라 엄청나게 많이 존재한다. 따라서 모든 가중치 변수들을 한꺼번에 미분해서 기울기를 계산하는 것이 아니라, 각각 편미분을 통해 아주 간단하게 기울기를 계산하고 업데이트하는 식으로 학습을 진행하는 것이다. 이렇게 기울기를 계산해서 최솟값으로 나아가는

---

3 이는 그래프를 z 축에서 빛을 쏘아 x, y 평면에 그림자를 투영시킨 후, 그 그림자에서 미분을 계산한다는 의미와 동일하다.

방법을 **경사하강법**(gradient descent)[4]이라고 한다.

$$w := \boxed{w - \eta \; \frac{\partial C}{\partial w}}$$
$$\underset{\text{학습률}}{\quad} \underset{\text{기울기}}{\quad}$$

간단히 경사하강법에 대해서 알아보았다.

추가적으로, 경사하강법으로 학습을 할 때 지역 최솟값(local minimum) 문제가 생길 수 있다. 다음 그림처럼 주변 지역에서는 최소이지만 전체에서는 최소가 아닌 부분을 만나면 전역 최솟값(global minimum)으로 갈 수 없게 된다.

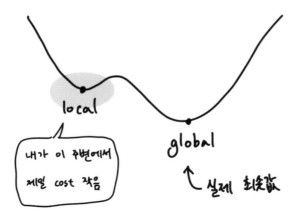

이때 지역 최솟값을 지나 기울기를 역행한다면 언덕을 넘어 전역 최솟값으로 갈 수 있는데, 이는 기울기만이 아니라 내려가는 가속도를 함께 반영하는 방법을 사용할 수 있다. 가속도라는 뜻인 "모멘텀(momentum)"이 그 방법이며, 최근에는 더 다양한 상황에서 학습 실패가 적은 "아담(adam)" 등의 방법이 많이 사용된다. (확률적) 경사하강법, 모멘텀, 아담 등을 **옵티마이저**(optimizer)라고 부른다.

---

4 기울기(gradient)와 하강(descent)이 합쳐진 말이다.

마지막으로, 컴퓨터 메모리에서 변수가 어떻게 업데이트되는지 알아보면서 마무리하도록 하자.

파이썬에서 다음과 같이 입력하고 실행하면,

$$w = 10$$

w라는 변수가 선언되고 10이라는 값이 담긴다.

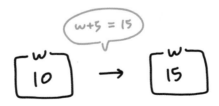

그 다음 w를 w+5로 업데이트하는 명령을 실행하면,

$$w = w + 5$$

w + 5가 먼저 계산되고 그 값이 w에 들어간다.

즉, w라는 변수 입장에서는 다음과 같이 값이 변한 것이라고 할 수 있다.

다음 장부터는 신경망 학습이 진행될 때 내부적으로 어떤 일이 일어나는지 알아보도록 하자. 학습은 순전파와 역전파가 번갈아 시행되는 과정이라고 할 수 있는데, 먼저 순전파에 대해 살펴볼 것이다.

6. 신경망 학습 - 순전파로 예측하기

신경망의 전체적인 구조를 다시 살펴보자.

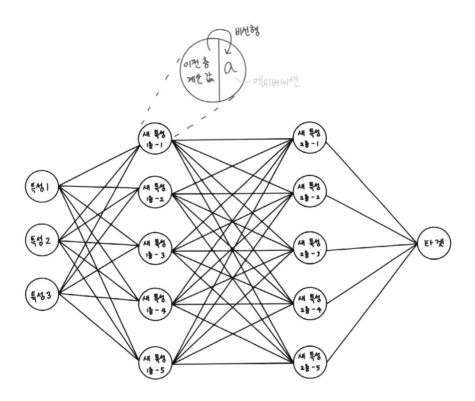

1. 왼쪽부터 살펴보면, 먼저 세 가지 특성값을 가진 데이터가 입력된다.

2. 데이터의 정보는 신경망의 첫 번째 은닉층으로 전파(propagation)되는데, 첫 번째 은닉층에는 다섯 개의 노드가 존재한다. 이는 세 가지 특성의 여러 가지 조합들로부터 다섯 가지 새로운 특성을 추출하는 것을 의미한다.

3. 새롭게 추출된 특성 정보들은 다음 층으로 이동하는데, 다음층의 노드 개수는 마찬가지로 다섯 개다. 새롭게 생성되는 특성의 개수가 이전 층보다 반드시 커야만 더 많은 정보가 추출되는 것은 아니며, 해당 층이 속한 구조의 목적에 따라 노드의 수가 점점 작아지게 구성할 수도 있다.[1] 우리가 살펴보고 있는 구조의 경우, 이전 층에서 추출된 더 세부적인 정보들을 다시 여러 가지 조합을 통해 새로운 특성을 추출하기 때문에, 이전 층과 동일한 다섯 개의 노드로 구성되어 있더라도 새로운 정보를 더 추출할 수 있다.

4. 마지막으로 다섯 개의 특성들을 바탕으로 하나의 값을 출력하는데, 이는 모델이 데이터를 통해 추출한 하나의 값인 "예측"이라고 보면 된다. 이 마지막 노드를 여러 개로 구성하면 여러 종류의 예측을 할 수 있으며, 이미지 데이터 중에서 개와 고양이를 구별하는 등의 분류(classification) 문제에 사용할 수 있다. 이에 대해서는 Part 3에서 더 자세히 살펴볼 것이다.

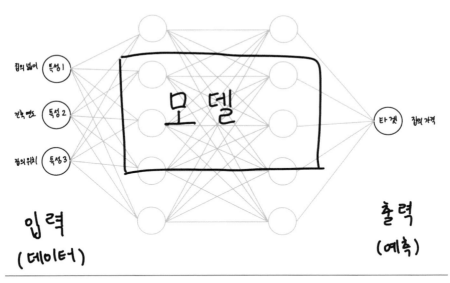

---

1 연속된 은닉층의 노드 개수가 점점 많아지는 경우 업스케일링(up-scaling)이라고 하며, 적은 특성들로부터 많은 특성들을 추출해내는 구조라고 할 수 있다. 반대로 연속된 은닉층의 노드 개수가 점점 적어지는 경우 다운스케일링(down-scaling)이라고 하며, 많은 특성들로부터 적은 특성들을 생성하는 구조라고 할 수 있다.
다운스케일링과 업스케일링을 순서대로 연결한 오토인코더(auto encoder) 구조의 경우, 줄어든 (요약된) 정보를 바탕으로 다시 많은 정보를 복원시키는 과정을 통해 데이터의 특성을 효율적으로 파악한다.

결과적으로 신경망 모델이 하는 일은 다음과 같다. 데이터를 입력으로 받아서, 예측을 출력하는 것이다. 이 과정을 **순전파**(forward propagation)라고 한다.

데이터 → 모델 → 예측

Part 1에서 문제를 푸는 학생으로 비유했던 것이 생각나는가? 문제를 받아서 예측을 내놓는 학생이 바로 모델이라고 보면 된다. 이러한 순전파 과정은 모델이 더 나은 예측을 하는 모델로 발전하는 '학습 단계'와, 학습된 모델이 새로운 데이터에 대해 예측을 하는 '추론 단계' 모두에서 일어나게 된다.

먼저 학습 단계부터 살펴보자. 학습 단계는 모델이 더 나은 예측을 하는 모델로 발전해 나가는 단계다.
모델을 학생으로 생각해보면, 채점을 하고 틀린 문제를 알아야 학생이 발전을 할 수 있기 때문에 우선 예측을 진행해야 한다. 학습 단계에서 학생은 '학습 모드' 상태라고 볼 수 있는데, 문제를 받아 예측을 내놓는 순전파가 먼저 진행된다.

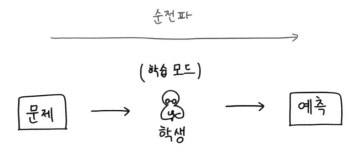

그 다음에는 학생의 예측을 정답과 비교해 틀린 문제를 골라내고, 정답으로부터 예측이 얼마나 다른지를 학생에게 다시 피드백하게 된다.

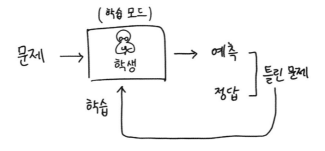

이 채점하고 피드백하는 과정을 **역전파**(backpropagation)라고 한다. 순전파와는 반대로 오른쪽에서 왼쪽으로 틀린 문제에 대한 피드백이 층층이 전달되기 때문에 역전파라는 이름이 붙여졌다는 것을 짐작할 수 있다.

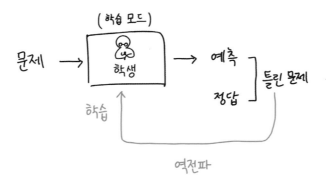

신경망 구조에서 살펴보자면, 오른쪽으로 층층이 계산해가는 것이 순전파고, 거꾸로 왼쪽으로 계산해가는 것이 역전파다. 이에 대해서는 다음 장에서 더 자세히 다룰 예정이다.

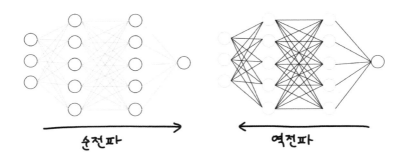

이러한 과정이 여러 번 반복된 후에는 학생이 더 예측을 잘하는 학생으로 발전하게 될 것이다. 바로 '학습'이 진행되는 것이다.

이제 이 '학습된' 학생에게 새로운 문제들을 주면서 풀어보게 한다면 어떨까?

학습 단계가 끝난 후, 이제 추론 단계로 넘어간 것이다. 학생이 하는 일은 여전히 문제를 받고 예측을 내놓는 것이며, 바뀐 것은 이제 틀린 문제를 다시 학생에게 피드백하는 과정 없이 '예측 모드'로 예측만 진행한다는 것이다. 학습을 위한 역전파 과정 없이, 순전파만 진행한다는 것과 같은 의미다. '학습'이 성공적으로 끝났고, 우리는 새로운 문제를 잘 예측하는 '학습된 모델'을 얻게 되었으며, 학습된 모델을 이용해 새로운 문제를 풀 수 있는 것이다.

다시 실제 모델의 이야기로 돌아오자. 학생의 비유를 이미 봤기 때문에 쉽게 이해할 수 있을 것이다. 우리가 지난 장에서 살펴본 것처럼, 모델이 출력한 예측과 실제 레이블(정답)이 얼마나 다른지를 측정한 뒤, 그에 대한 피드백을 모델에 전달하는 과정을 반복하면서 학습이 진행된다.

$$* \text{비용} = (\text{예측} - \text{정답})^2$$

이때 예측과 정답 사이의 거리를 계산하는데, 하나의 데이터가 들어온 경우 보통 오류(error)라고 표현하고, 전체 데이터가 들어와 그 오류들의 평균을 계산한 경우 비용(cost)이라고 표현한다. 이 비용을 구한 뒤에는 그 비용을 줄이는 방향으로 모델에게 피드백을 전달한다.

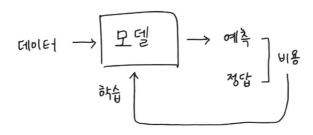

이 과정을 반복하는 것이 학습이며, 모델은 학습을 통해 더 예측을 잘하는 모델로 점차 변해간다.

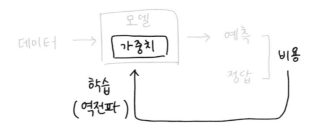

학습 중에 모델의 구조는 그대로 유지되며, 모델 속의 "가중치" 부분이 계속 업데이트된다. 이 때 여러 층의 가중치를 순서대로 쉽게 업데이트하기 위해 역전파라는 알고리즘이 사용되는 것이다. 역전파에 대해서는 다음 장에서 자세히 살펴보도록 하자.

학습을 통해 모델이 더 예측 잘하는 모델로 변해가는 과정은, 실제로는 다음과 같이 모델의 가중치가 더 예측을 잘하는 가중치로 변해가는 과정인 것이다.

학습이 끝난 후에, 우리는 학습된 모델을 가지게 된다. 물론 여기서 학습이란 모델의 가중치가 학습되었다는 것을 의미한다.

이 학습된 모델을 가지고 우리는 컴퓨터 소프트웨어, 웹 어플리케이션, 모바일 앱 등을 만들어 실제 문제를 해결하는 데 사용할 수 있다. 학습된 모델에 새로운 데이터를 입력해 예측을 얻어내는 과정 역시 순전파라고 할 수 있지만, 오차를 계산해 역전파하는 과정 없이 예측만 하는 경우에는 특별히 추론(inference)이라는 용어를 사용한다.

이렇듯 순전파는 '학습 과정'과 '추론 과정'에 모두 사용되며, 역전파는 '학습 과정'에서만 사용된다는 것만 잘 이해하면 된다.

실습해보기

이제 간단한 신경망 모델을 통해, 실제로 숫자들을 계산해보며 어떻게 순전파가 진행되는지 살펴보자.

아래와 같은 신경망 모델을 생각해 보자. 입력으로 두 개의 특성값이 주어지며, 노드가 각각 3개씩인 두 개의 은닉층을 가지고 있는 회귀 모델이다. 회귀 모델이란 마지막 출력 노드가 하나인, 분류 모델과는 달리 하나의 예측값을 출력하는 모델을 말한다.

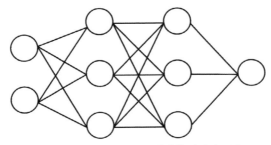

두 개의 은닉층을 가지는 간단한 신경망 모델

시작하기 전에 개념을 간단히 복습하고 가자. 원은 하나의 노드에 해당하며, 노드와 노드를 잇는 선은 하나의 가중치에 해당한다. 이전 층의 노드값들의 가중합을 통해 다음 층의 노드값이 결정되는데, 이 값을 엑티베이션이라고 부른다.

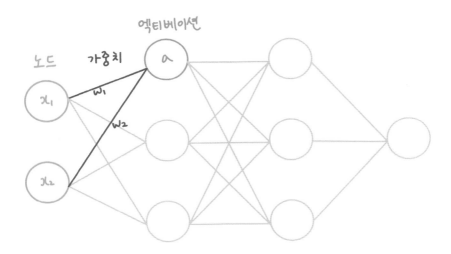

이제 입력이 [1.3, 0.8, 0.5]로 주어졌다고 가정해보자. 첫 번째 값은 특성1을 나타내며, 두 번째 값은 특성2, 마지막 값은 이 데이터의 레이블(정답)을 의미한다.

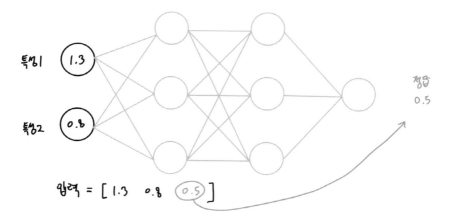

학습되지 않은 모델에서 순전파를 통해 예측한 값은 아마도 이 정답과 가까운 값이 아닐테지만, 학습을 진행하여 이 문제에 더 적합한 가중치를 얻게된 후에는 정답과 가까운 값을 예측할 것이다. 우선은 신경망 모델을 통과하는데 있어 당장 사용하지 않을 정답 값을 따로 떼어놓았다.

모델을 처음 생성할 때 가중치 초기화(weight initialization)를 진행한다. 가중치를 반복해 업데이트시켜서 더 나은 예측을 하는 가중치를 만드는 것이 학습의 목표인데, 처음에 가중치를 어떤 값으로 정해줄지 또한 신경써야 할 문제다. 많이 사용되는 가중치 초기화 방법으로는 "He" 방식이나 "Xavier" 방식이 있는데, 둘 다 그 방식을 제안한 연구자의 이름을 따온 이름이다. 이 책에서는 자세히 다루지는 않겠지만, 간단히 말하자면 어떤 적당한 분포에서 임의의 수를 가져오는 방식들에 속한다고 볼 수 있다.

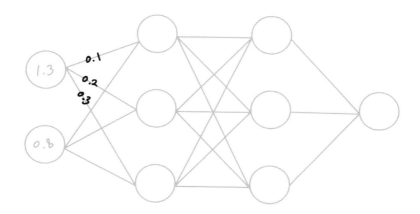

우리 예시의 경우에는 단순히 -0.3 ~ 0.3 사이의 수 중에서 임의의 수를 가져오기로 하자. 그림처럼 가중치 세 개가 각각 0.1, 0.2, 0.3의 값으로 초기화되었다고 하자. 이 경우 우리는 다음과 같이 가중치를 표기할 수 있다.

$$W_{11}^{(1)} = 0.1$$

$$W_{12}^{(1)} = 0.2$$

$$W_{13}^{(1)} = 0.3$$

가중치를 표기하는 방법에 대해 간략히 설명하자면 다음과 같다.

$$W_{11}^{(1)} \iff W_{1번째\ 노드\ \to\ 1번째\ 노드}^{(1\ 층으로\ 가는)}$$

TIP

주의할 점은, 책이나 논문에 따라 오른쪽 밑의 두 수의 순서가 거꾸로 표기될 수 있다는 것이다. 표기상의 차이일 뿐이지만 혹여나 헷갈릴 수 있기 때문에 언급하고 넘어간다.

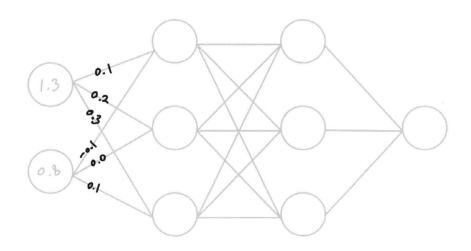

$$W_{21}^{(1)} = -0.1$$
$$W_{22}^{(1)} = 0.0$$
$$W_{23}^{(1)} = 0.1$$

$$W^{(1)} = \begin{bmatrix} 0.1 & 0.2 & 0.3 \\ -0.1 & 0.0 & 0.1 \end{bmatrix}$$

동일한 방식으로 나머지 세 개의 가중치도 -0.1, 0.0, 0.1 이라는 임의의 수로 초기화한 후, 이를 표기하면 위와 같다. 이제 첫 번째 은닉층의 첫 번째 노드에 어떤 값이 계산되는지 살펴보자.

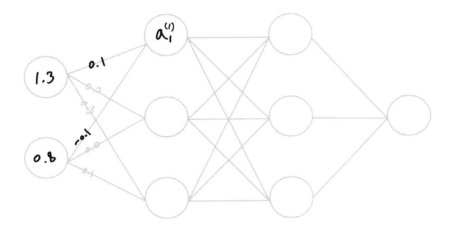

각각의 노드가 모델의 구조에서 의미하는 바는 "새로 생성되는 특성"에 해당하지만, 매번 학습될 때마다 계산되는 값이 바뀌게 되는데 그 값은 따로 **엑티베이션(activation)** 이라고 부른다. 이 값은 이전 층의 특성들이 조합된 선형회귀를 통해 계산된다. (간략한 설명을 위해서 편향인 bias 항은 생략했다.)

$$a_1^{(1)} = (1.3 \times 0.1) + (0.8 \times (-0.1))$$
$$= 0.05$$

엑티베이션의 표기하는 방법은 다음과 같다.

$$a \quad \text{(1층에 있는)}$$
$$\text{1번째 노드의}$$

두 번째 노드의 엑티베이션은 이전 층의 동일한 두 노드가 다른 두 개의 가중치와 조합되어 계산된다.

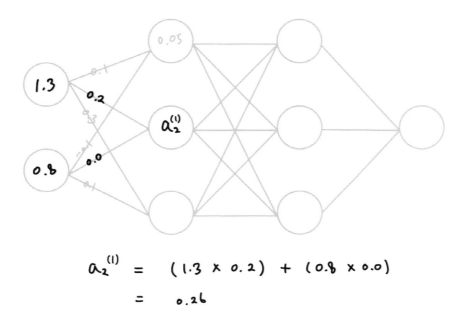

$$a_2^{(1)} = (1.3 \times 0.2) + (0.8 \times 0.0)$$
$$= 0.26$$

세 번째 노드의 엑티베이션도 마찬가지로 계산된다.

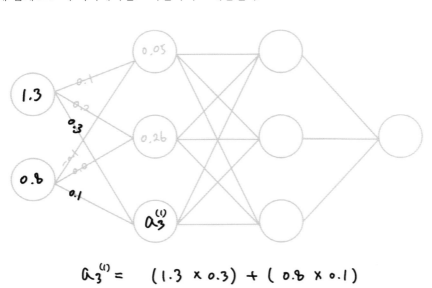

$$a_3^{(1)} = (1.3 \times 0.3) + (0.8 \times 0.1)$$
$$= 0.47$$

다음 층으로 넘어가기 전에, 엑티베이션 값들은 활성화 함수를 통해 비선형 변환을 해줘야 한다. 비선형 변환 과정이 없다면 아무리 많은 층을 쌓아 깊은 신경망 구조를 만들더라도 단 한 층의 은닉층 모델로 대체될 수 있기 때문이다.(2.3장 참고)

이번 예시에서는 간단하게 렐루(ReLU)를 사용하기로 하자.

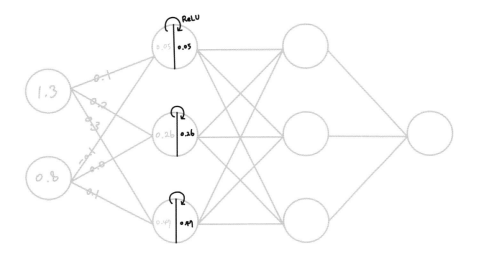

다음 층을 계산하는 방법은 동일하므로 빠르게 넘어가겠다.

가중치들은 마찬가지로 각각 -0.3 ~ 0.3 사이의 랜덤 값으로 초기화해주었다.

①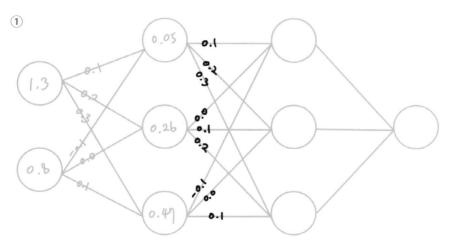

$$W^{(2)} = \begin{bmatrix} 0.1 & 0.2 & 0.3 \\ 0.0 & 0.1 & 0.2 \\ -0.1 & 0.0 & 0.1 \end{bmatrix}$$

②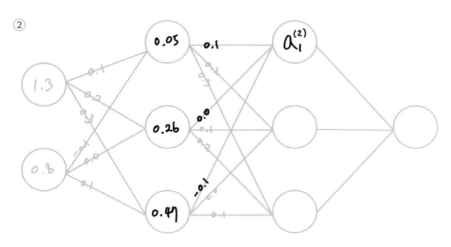

$a_1^{(2)} = (0.05 \times 0.1) + (0.26 \times 0.0) + (0.47 \times (-0.1))$
$\quad\;\; = -0.042$

③

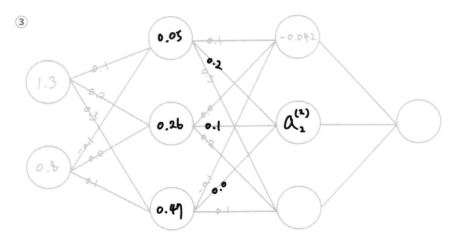

$$a_2^{(2)} = (0.05 \times 0.2) + (0.26 \times 0.1) + (0.47 \times (-0.2))$$
$$= 0.036$$

④

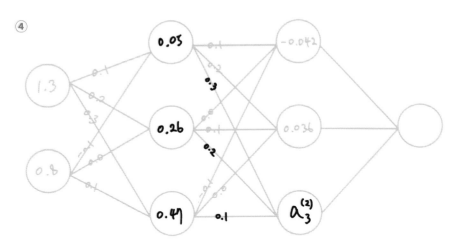

$$a_3^{(2)} = (0.05 \times 0.3) + (0.26 \times 0.2) + (0.47 \times 0.1)$$
$$= 0.114$$

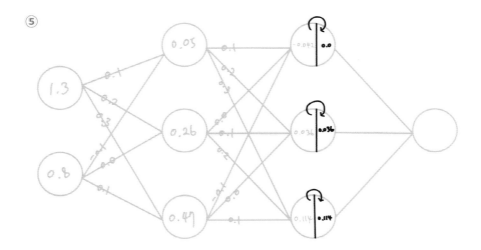

두 번째 은닉층의 활성화 함수의 결과값까지 계산했으니, 이제 최종적인 예측을 할 차례다.

세 값의 가중합을 계산해서 하나의 값을 구하면 되는데, 이 결과값은 예측 값을 의미한다. 모델의 구조 관점에서 살펴본다면 예측을 위해 사용되는 세 개의 노드는 최종적으로 추출된 특성들을 의미한다. 즉, 복잡한 신경망 모델을 통해 데이터의 다양한 특성들을 추출해낸 뒤, 마지막 은닉 층의 세 개의 특성들을 가지고 데이터의 정답을 예측하는 것이다. (간단한 예시를 보이기 위해 세 개의 노드만 설정했지만, 최종 예측에 직접적으로 활용되는 특성들인 만큼 많은 수의 노드를 마지막 은닉 층에 배치하는 것이 일반적이다.)

물론 아직 학습이 진행되지 않았고 단순히 초기화된 가중치로 계산된 결과이기 때문에, 정답과 가까울 가능성은 매우 적다. 반복적으로 예측 후 피드백을 통해 이 예측 값과 정답 사이의 거리를 점차 줄여나가는 것이 학습이라고 생각하면 된다. 가중치는 마찬가지로 각각 -0.3 ~ 0.3 사이의 랜덤 값으로 초기화해주었다.

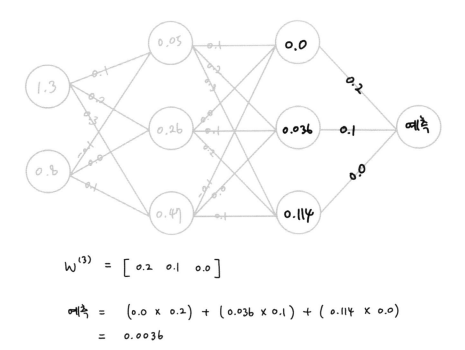

$$W^{(3)} = \begin{bmatrix} 0.2 & 0.1 & 0.0 \end{bmatrix}$$

$$예측 = (0.0 \times 0.2) + (0.036 \times 0.1) + (0.114 \times 0.0)$$
$$= 0.0036$$

예측 값이 도출되었으니, 이제 이 예측 값이 정답과 얼마나 차이가 나는지 그 거리를 계산해 보자. 이 경우 데이터가 단 한 개 통과되었기 때문에 비용이 아닌 오차라고 한다.

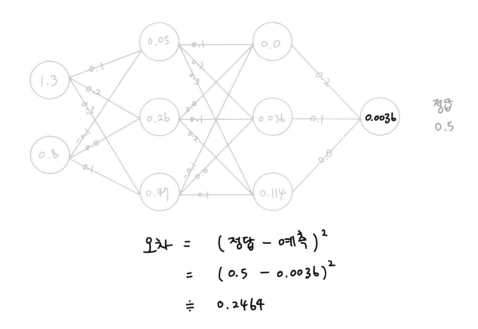

$$오차 = (정답 - 예측)^2$$
$$= (0.5 - 0.0036)^2$$
$$\fallingdotseq 0.2464$$

이렇게 우리는 간단한 신경망 모델을 만들고, 가중치 초기화를 한 뒤 하나의 데이터를 넣고 그 예측값과 오차를 계산해 보았다. 생각보다 간단하지 않은가?

물론 우리는 아직 순전파까지만 살펴본 것이고, 다음 장에서는 모델이 학습하는 방법인 역전파에 대해서 살펴볼 예정이다. 이름에서 짐작할 수 있듯이, 역전파는 계산된 오차를 오른쪽에서부터 거꾸로 전파시켜가며 가중치를 업데이트해내가는 알고리즘이다.

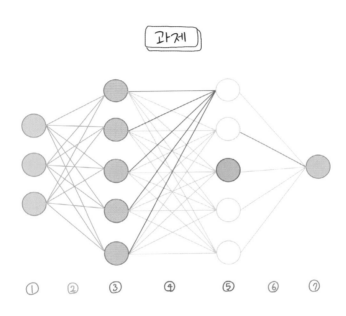

과제

① ② ③ ④ ⑤ ⑥ ⑦

Q. 위의 그림은 신경망 구조를 나타낸다. 각각에 해당하는 것을 그림에서 찾아 번호를 적으시오.

- 입력 (데이터) : ☐

- 출력 (예측) : ☐

- 가중치 행렬 $W^{(1)}$: ☐

- 가중치 $W_2^{(3)}$: ☐

- 가중치 벡터 $\begin{bmatrix} w_{11}^{(k)} \\ w_{12}^{(k)} \\ w_{13}^{(k)} \\ w_{14}^{(k)} \\ w_{15}^{(k)} \end{bmatrix}$: ☐

- 엑티베이션 $a_3^{(2)}$: ☐

※ 정답은 185p로

7. 신경망 학습 – 역전파로 학습하기

신경망 모델은 아래와 같이 학습을 진행한다.

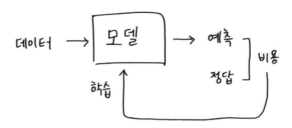

모델이 "데이터"를 입력으로 받아 층별로 계산을 한 뒤 "예측" 값을 내놓는 과정까지를 **순전파**(forward propagation)라고 한다.

그 예측과 정답과의 거리를 계산하고 평균을 내 "비용"을 계산한 뒤, 모델이 더 좋은 예측을 할 수 있는 방향으로 (비용이 적어지는 방향으로) 가중치들을 업데이트하는 과정을 **역전파**(backpropagation)라고 한다.

이 과정을 반복하면서 모델은 점점 더 예측을 잘 할 수 있게 되는데, 이를 학습이라고 한다.

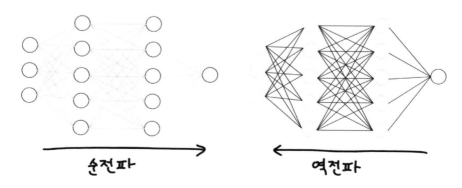

순전파 단계에서는 가중치가 고정되어 있으며, 이전 층의 노드(동그라미)와 가중치(연결선)의 가중합을 통해 다음 층의 노드가 계산된다. 이 노드의 값이 엑티베이션이다. 마지막 출력 층의 값은 예측된 값을 의미한다.

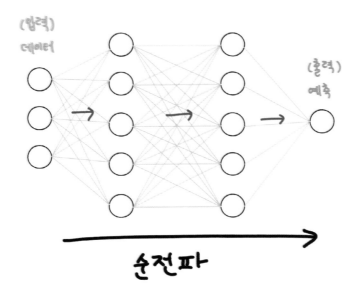

역전파 단계에서는 계산된 비용을 거꾸로 전파시키는데, 가중치들을 올바른 방향으로 업데이트시키는 것을 목적으로 한다. 올바른 방향이란 비용을 낮추는 방향을 말하며, 이는 각 가중치별 기울기(각 가중치가 변할 때 비용이 변하는 정도) 계산을 통해 알 수 있다.

역전파를 자세히 살펴보기 전에 대략적으로 설명하자면, 마지막 층부터 왼쪽으로 가면서 만나는 가중치들에게 각각 "너는 얼마나 비용의 증가에 기여했는지"를 따져서 그 반대 방향으로 업데이트시켜준다고 생각하면 된다.

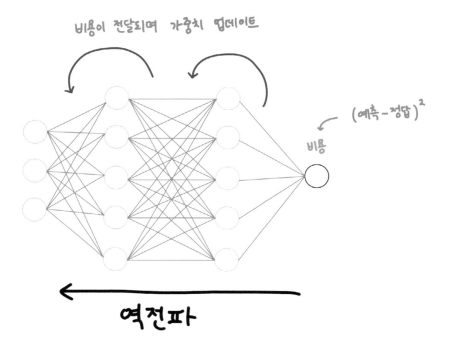

이전 장에서도 설명했듯이 하나의 데이터에 대한 예측과 정답의 거리는 "오차"라고 하며, 모든 데이터에 대한 오차의 평균을 구하면 비용이 된다.

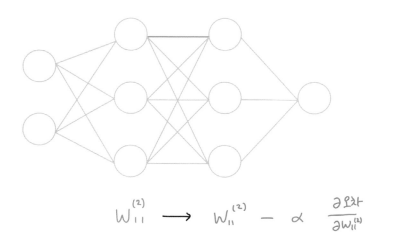

$$W_{11}^{(2)} \longrightarrow W_{11}^{(2)} - \alpha \frac{\partial 오차}{\partial W_{11}^{(2)}}$$

위의 예시와 같이 하나의 가중치만 놓고 생각을 해보자.

2.5장에서 다뤘듯이, 가중치들은 위와 같은 계산식을 통해 업데이트된다. 업데이트 되는 값의 의미를 잠깐 복습해보자면 다음과 같다.

이때 기울기란 가중치 w가 변할 때 오차가 얼마나 변하는지 그 정도를 의미한다.

즉, 계산식이 의미하는 바는 원래값에서 기울기 반대 방향, 즉 오차를 줄이는 방향으로 가중치를 업데이트한다는 것이다. 이때 너무 크게 변화를 주지 않도록 아주 작은 값(학습률)을 곱해준다.

TIP

편미분이나 학습률이 헷갈린다면 2.5장을 복습하자.

이렇듯 모든 가중치에 대해서 위의 식을 사용해 업데이트하면 역전파를 할 수 있을 것이다. (이때는 딱히 오른쪽에서 왼쪽으로 계산 순서를 정할 필요도 없다.) 하지만 이런 방식으로 계산하게 되면 계산량이 굉장히 커지는 문제점이 있다.

각 가중치가 변할 때 오차가 얼마나 변하는지(기울기) 일일이 계산하는 일은 매우 비효율적이다. 그렇다면 어떤 대안이 있을까?

기울기는 편미분을 통해 계산되는데, 이때 두 층 사이의 기울기는 각 층 기울기의 곱으로 표현할 수 있다. 즉, 초록색 기울기와 노란색 기울기를 곱한 것이 빨간색 기울기와 일치한다는 것이다.

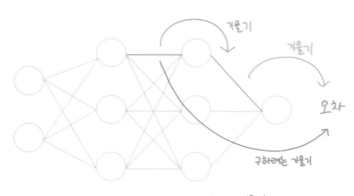

이를 식으로 표현한다면 다음과 같다. A에서 B로 가는 기울기와 B에서 C로 가는 기울기를 곱하는 방식으로 A에서 C로 가는 기울기를 구할 수 있다는 것이다. 이것을 **연쇄법칙(chain rule)**이라고 한다.

$$\underbrace{\frac{\partial C}{\partial B} \times \frac{\partial B}{\partial A}}_{} = \underbrace{\frac{\partial C}{\partial A}}$$

연쇄 법칙

우리가 구하려고 한 가중치를 살펴보면, 해당 가중치의 오차에 대한 기울기는 아래와 같이 기울기 두 개의 곱으로 바꿔볼 수 있다. 이렇게 두 개의 곱으로 표현하면 어떤 점이 좋을까?

$$W_{11}^{(2)} - \alpha \boxed{\frac{\partial 오차}{\partial W_{11}^{(2)}}}$$

$$\frac{\partial 오차}{\partial W_{1}^{(3)}} \times \frac{\partial W_{1}^{(3)}}{\partial W_{11}^{(2)}}$$

첫 번째로는 두 기울기 중 하나가 이미 계산되어 있다는 점이다.

$$\frac{\partial 오차}{\partial W_{1}^{(3)}} \times \frac{\partial W_{1}^{(3)}}{\partial W_{11}^{(2)}}$$

기울기

이미 계산되어 있음!

노란색 기울기를 살펴보면, 이는 역전파를 진행해오면서 이미 계산된 적이 있는 기울기임을 알 수 있다.

오른쪽에서부터 왼쪽으로 역전파를 진행하기 때문에, 노란색 기울기는 이전 단계에서 노란색 가중치를 업데이트할 때 계산되었다. 이 기울기는 가중치 업데이트에 사용되고 버려지는 것이 아니라, 앞으로 왼쪽으로 역전파를 진행하는 데 있어 계속 쓰일 것이기 때문에 따로 저장해놓는다. 이 기울기들을 저장해놓은 행렬을 야코비안 행렬(Jacobian matrix)이라고 한다.

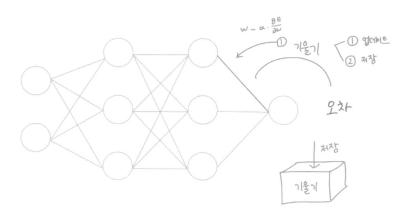

두 번째로는 나머지 초록색 항의 계산량이 기존에 비해 훨씬 적다는 것이다. 다음 그림을 통해 살펴보자.

$$\frac{\partial \text{오차}}{\partial w_i^{(3)}} \times \frac{\partial w_i^{(3)}}{\partial w_{11}^{(2)}}$$

$$= \text{저장된 값} \times \boxed{\frac{\partial \text{다음층 가중치}}{\partial \text{현재층 가중치}}}$$

한 층 차이

한 층 사이의 기울기를 구할 때는 단 한 번만 편미분을 연산하면 된다. 반면 세 개의 층을 건너뛰어 기울기를 계산하려면 훨씬 큰 연산량이 요구된다. 신경망이 층별로 여러 개의 노드가 서로 연결된 복잡한 형태를 하고 있기 때문에, 여러 층을 건너뛰어 단번에 기울기를 계산하려면 그 사이에 있는 모든 기울기를 다시 구하고 더하는 과정이 필요하다. 한 번 했던 계산을 또 하지 않게 하는 것만으로도 굉장히 효율적인 연산이 가능해진다고 생각하면 쉬울 것이다.

한 층 사이의 기울기를 구하는 연산량 < 여러 층 사이의 기울기를 구하는 연산량
훨씬 크다

이 연쇄 법칙을 활용한다면 아무리 복잡한 신경망 모델이라도 쉽게 역전파를 할 수 있다.

1. 단순히 "이전 층과 다음층 사이의 기울기"들만 계산하고 저장해서,
2. 해당 가중치와 오차까지 연결된 기울기들을 곱해서 "해당 가중치의 오차에 대한 기울기"를 계산할 수 있다.[1]

이제 순전파에서 했던 예시를 이어가보자. 역전파의 경우 복잡한 편미분 과정은 과감하게 생략했기 때문에 어렵지 않게 따라올 수 있을 것이다.[2]

---

1 실제로는 엑티베이션이 계산된 후 비선형함수를 통과했기 때문에, 이 활성화 함수에 대한 편미분도 계산해서 곱해줘야 한다. 너무 계산량 복잡해지면 이해하기가 어려워지기 때문에 생략했다.
2 마찬가지로 예시에서는 가중치의 기울기만 계산해서 곱했지만, 실제로는 활성화 함수에 대한 편미분도 곱해줘야 한다. 예측과 정답 사이의 거리를 구할 때 제곱을 했기 때문에 이 역시 계산에 포함해줘야 한다.

지난 장에서 순전파를 통해 예측 값이 나오고, 정답과의 거리를 계산해 오차를 구했었다.

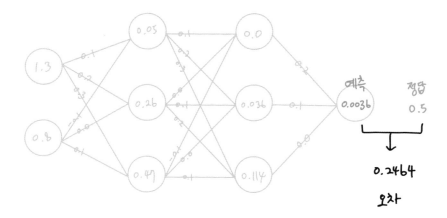

이제 이 오차를 거꾸로 신경망에 전파시키면서, 각 가중치를 오차에 대한 기울기를 계산해서 업데이트시킬 것이다.

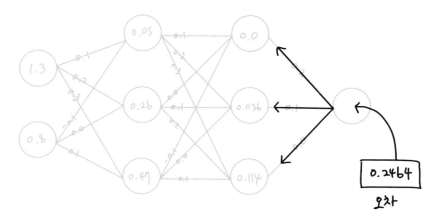

아래와 같이 세 가중치의 오차에 대한 기울기가 각각 계산되었다고 생각해 보자.[3]

---

3 복잡한 계산 없이 직관적인 예시를 들기 위해서 각 기울기에 대한 수치는 계산하지 않으며, + 혹은 - 방향과 업데이트되는 정도도 임의로 선택했다.

(가중치의 기존값에서 학습률과 기울기를 곱한 값을 빼는) 수식을 통해 가중치의 업데이트 방향이 그림과 같이 -, +, - 라고 가정한다면, 각각 해당하는 방향으로 조금씩 업데이트될 것이다. [0.2, 0.1, 0.0]에서 [0.19, 0.11, -0.01]로 업데이트되었다고 치자.

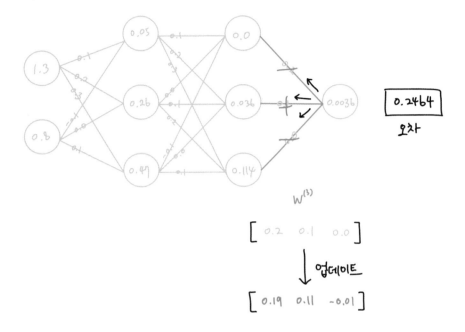

다음 순서로는 왼쪽 층의 가중치가 업데이트될 것이다.

앞서 설명한 연쇄 법칙을 통해 한 층 사이의 가중치만 계산한 뒤 곱셈을 통해 오차에 대한 기울기를 계산할 수 있을 것이다. 자세한 계산은 생략하며, 다음과 같이 가중치 업데이트 방향이 계산되었다고 한다면, 아래와 같이 가중치가 업데이트될 것이다.[4]

---

4 물론 가중치 업데이트 수식에서 알 수 있듯이, 단순히 업데이트 방향뿐만이 아니라 얼마나 업데이트될 지 그 정도도 가중치 마다 다르게 계산된다. 이해하기 쉽도록 방향만 언급했다.

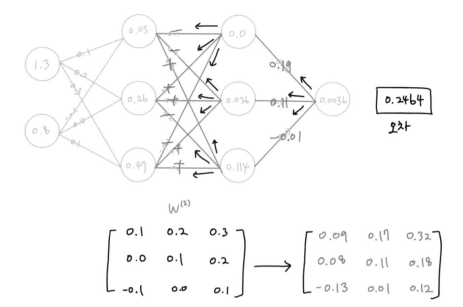

$$
\begin{bmatrix} 0.1 & 0.2 & 0.3 \\ 0.0 & 0.1 & 0.2 \\ -0.1 & 0.0 & 0.1 \end{bmatrix} \longrightarrow \begin{bmatrix} 0.09 & 0.17 & 0.32 \\ 0.08 & 0.11 & 0.18 \\ -0.13 & 0.01 & 0.12 \end{bmatrix}
$$

마지막으로 그 다음 왼쪽 층의 가중치도 업데이트될 것이다.

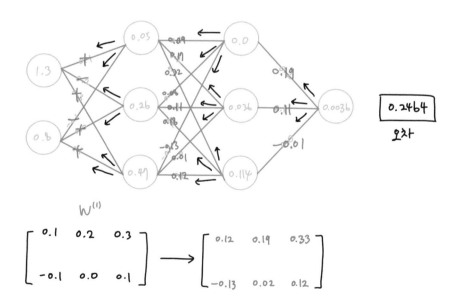

$$
\begin{bmatrix} 0.1 & 0.2 & 0.3 \\ -0.1 & 0.0 & 0.1 \end{bmatrix} \longrightarrow \begin{bmatrix} 0.12 & 0.19 & 0.33 \\ -0.13 & 0.02 & 0.12 \end{bmatrix}
$$

이제 우리는 1회 학습을 거쳐, 좀 더 나은 예측을 하는 신경망 모델을 얻게 되었다. 물론 실제로는 단 1개의 데이터로 1회 학습한 것만으로는 의미있는 차이가 나지는 않을 것이다.

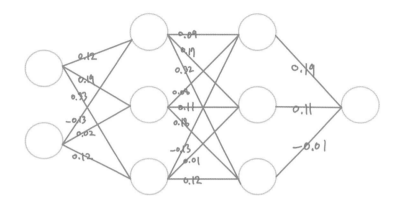

이제 두 번째 데이터를 입력으로 넣고 동일한 과정을 반복해보자. 두 번째 데이터가 들어오면, 이전과 동일하게 앞 두 개의 값은 특성1과 특성2로, 마지막 한 개의 값은 정답으로 지정한다.

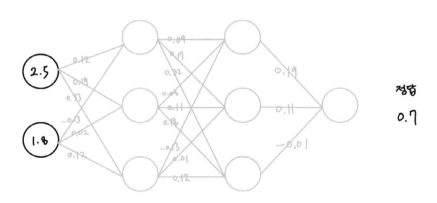

데이터2 = [2.5   1.8   0.7]

한차례 업데이트된 가중치를 이용해, 새로운 엑티베이션 값들을 계산하면서 최종적으로 데이터2에 대한 예측 값을 도출한다. 마찬가지로 예측과 정답 사이의 거리를 계산해 오차를 구한다.

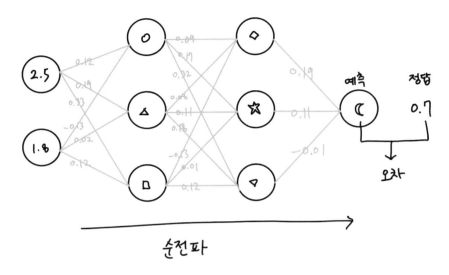

오차를 역전파시키면서 모든 가중치를 업데이트한다. 가중치들은 각각 연쇄 법칙을 통해 계산된 오차에 대한 기울기의 반대 방향으로 업데이트된다.

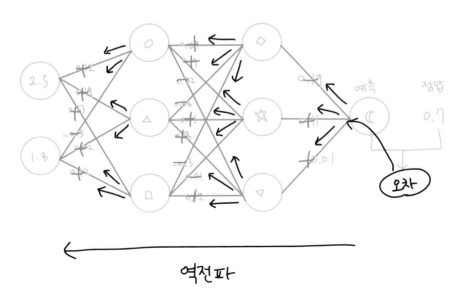

이런 방식으로 모든 데이터에 대해서 학습을 진행할 수 있을 것이다.

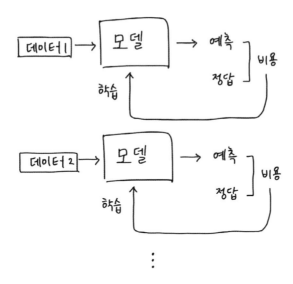

지금은 비용을 따로 계산하는 것이 아니라, 데이터마다 오차를 구해 바로 역전파시키는 방식을 사용했다. 이렇게 된다면 데이터가 달라질 때마다 학습이 들쭉날쭉 이 방향 저 방향으로 진행될 가능성이 높다. 그래서 모든 데이터의 오차가 계산될 때까지 역전파를 하지 말고 기다리다가, 모든 오차의 평균을 낸 비용을 가지고 한번에 역전파를 하는 방법이 있다. 이를 **배치(batch) 경사하강법**이라고 한다.

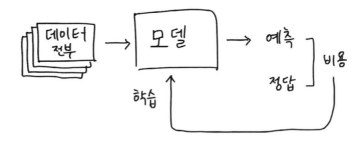

하지만 이 경우에는 한 번 학습을 하는데 너무 오래 기다려야 한다는 단점이 있다. 즉, 학습이 너무 느리게 진행된다는 점이다. 데이터가 우리의 예시처럼 몇 개의 숫자 특성으로 구성된 정형데이터라면 문제가 없겠지만, 이미지나 텍스트 데이터처럼 굉장히 정보와 연산량이 큰 데이터가 많은 숫자로 주어진다면 최종적으로 1회의 학습이 끝나는 데까지 몇 시간이 걸릴 수도 있다. 그래서 가장 일반적으로는 다음과 같이 미니 배치로 데이터셋(전체 데이터)을 나눠서 학습을 진행한다.

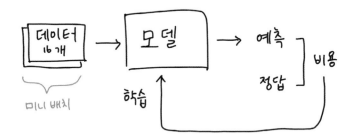

16개의 데이터에 대한 오차를 구한 뒤, 그 평균인 비용을 역전파시키면서 학습하고 다음 미니 배치로 넘어간다. 이때 16개라는 숫자를 배치 사이즈(batch size)라고 하며, 이러한 학습 방법을 미니 배치 경사하강법이라고 한다. 굳이 데이터를 하나씩 순전파시키지 않고, GPU를 활용해 병렬적으로 동시에 연산이 가능하다. GPU의 성능에 따라서 배치 사이즈를 크게 설정할 수 있는데, 배치 사이즈가 클수록 학습 속도가 빠르며 일반적으로 더 일반화 성능 향상에 도움이 된다. 모든 데이터를 한 번 훑었을 때 1 에포크(epoch)가 지났다고 표현한다.

다음으로 Part 3에서는 신경망 모델을 이용해 할 수 있는 것들과 모델을 잘 학습시키는 방법에 대해서 살펴보도록 하겠다. 최대한 쉽게 설명하기 위해서 간략화하거나 생략한 부분들이 있는데, 역전파에 대해서 좀 더 자세히 알아보려는 비전공자분들께 다음과 같은 자료를 추천한다.

더 알아보기

1. 3Blue3Brown - What is backpropagation really doing? (한글 자막)
•https://youtu.be/Ilg3gGewQ5U

2. 모두를 위한 딥러닝 lec9-2: 딥넷트웍 학습 시키기 (backpropagation)
•https://youtu.be/573EZkzfnZ0

3. CS231n lec4 - Introduction to Neural Networks
•https://youtu.be/d14TUNcbn1k

4. CS231n 강의노트 - 역전파(Backpropagation)
•한글: https://aikorea.org/cs231n/optimization-2/
•영어: https://cs231n.github.io/optimization-2/

한 걸음 더 나아가기

1. 소프트맥스와 크로스 엔트로피

신경망에 입력이 들어와 층층이 순전파를 거쳐 마지막 층에서 출력되는 값은 "입력에 대한 예측값"이다. 지난 장에서 살펴본 모델은 마지막 층의 노드가 하나이며, 하나의 예측값을 출력한다.

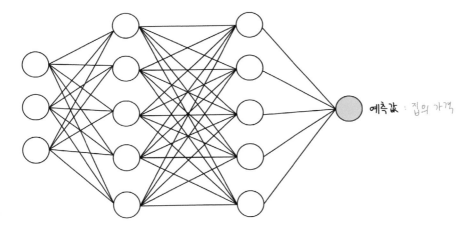

예측값 : 집의 가격

예측값을 여러 개 출력하는 모델은 어떻게 생겼을까? 또 이 모델로 어떤 일들을 할 수 있을까?

아래와 같은 모델을 생각해 보자. 데이터가 입력으로 들어오면, 그 데이터에 대해 '개'와 '고양이'라는 두 클래스 중 하나를 예측하는 모델이다. 이때 마지막 층의 노드를 두 개로 설정하고, 각각을 '개'와 '고양이' 클래스에 대한 예측값을 출력하게 할 수 있다.

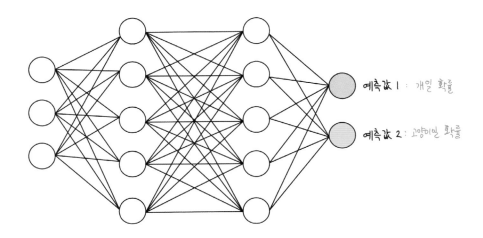

예측값 1 : 개일 확률

예측값 2 : 고양이일 확률

처음 살펴본 모델은 하나의 예측값으로 어떤 하나의 값('집의 가격')을 예측하는 회귀(regression) 모델이다. 두 번째로 살펴본 모델은 여러 가지 클래스(class) 중 하나를 예측하는 분류(classification) 모델이다.[1]

회귀 모델의 경우에는 정답(레이블)이 '5400'과 같은 값으로 주어져, 단순히 모델을 통해 출력되는 예측값과의 거리를 계산해 오류를 구할 수 있었다. 분류 모델의 경우 조금 더 복잡하다.

예를 들어, 예측값1이 0.2, 예측값2가 0.3이 나왔다고 하면, 정답과의 거리를 어떻게 구할 수 있을까? 우선 분류 문제에서 정답이 [1, 0]과 같은 형태로 주어진다고 하자.[2] 우리는 출력된 예측값 [0.2, 0.3]을 가지고 위의 정답과의 거리를 구하고자 한다.

---

1 회귀와 분류가 잘 기억나지 않는다면 1.4장을 참고할 것
2 해당 데이터의 정답이 '개'라면 [1, 0], '고양이'라면 [0, 1]이다.

우리는 아래와 같이 예측값들을 해당 클래스의 확률값으로 바꿔주는 어떤 함수를 생각해 볼 수 있다. 이 함수를 소프트맥스라고 하는데, 이를 살펴보기 전에 먼저 확률값으로 바꿔준다는 것의 의미를 알아보자.

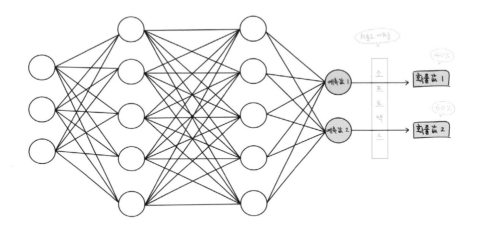

우리가 원하는 것은 두 개의 별개의 예측값이 아니라, 두 예측값이 전체 예측에서 각각 차지하는 비율이다. 따라서 다음과 같이 계산하면, 예측값을 확률값으로 바꿔줄 수 있다.

$$\frac{해당\ 부분}{전체} = 해당\ 부분이\ 차지하는\ 비율$$

$$\frac{해당\ 예측값}{전체} = 해당\ 예측값이\ 차지하는\ 확률$$

이제 0.4와 0.6이라는 두 값을 더하면 1이 된다. 즉, 각각 40%, 60%라는 확률값으로 변환된 것이다.

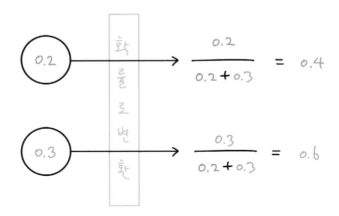

하지만 이대로 사용하기에는 하나의 문제점이 있다. 바로 예측값이 음수로 나올 수 있다는 점이다. 심지어 최악의 경우에는 아래와 같이 분모가 0이 될 수도 있다. 이 경우에는 컴퓨터로 계산이 불가능하기 때문에 '0으로 나누기 불가능' 오류(zero division error)가 발생한다. 어떻게 해결할 수 있을까?

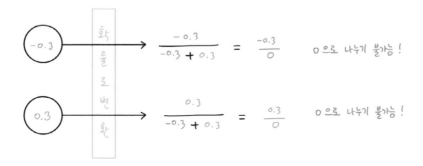

해결책은 0이나 음수가 들어오더라도 모조리 양수로 바꿔주는 함수를 찾아서, 모든 예측값에 적용해주는 것이다.

우리는 이미 중학교 수학 시간에 지수함수에 대해 다뤄본 적이 있다. 지수함수란 x라는 수가 입력되었을 때, 어떤 상수 a의 x승을 출력하는 함수다.

$$x \longrightarrow \boxed{\text{지수함수}} \longrightarrow a^x$$

지수함수의 입력으로 양수, 0, 음수가 들어올 때 모두 양수가 출력된다.(이 함수의 밑으로 2 대신 2.7을 넣어도 모두 양수가 출력되며, 2.718... 이라는 값을 갖는 자연상수 e를 넣어도 모두 양수가 출력된다.)

$$x = 3 \longrightarrow \boxed{2^x} \longrightarrow 2^3 = 8$$

$$x = 0 \longrightarrow \boxed{2^x} \longrightarrow 2^0 = 1$$

$$x = -2 \longrightarrow \boxed{2^x} \longrightarrow 2^{-2} = \frac{1}{4}$$

일반적으로 자연상수 e를 밑으로 갖는 지수함수를 사용한다. 그 이유는 이름에서도 알 수 있듯이 '자연스러운' 수이기 때문에, 특히 로그(log) 계산이 들어갈 때 계산식이 매우 쉽게 계산되기 때문이다. 확률값으로 바꾼 뒤 정답과의 거리를 계산하는 과정에서 크로스엔트로피(cross entropy)라는 걸 사용하게 되는데,[3] 이때 로그 계산이 들어가기 때문에 자연상수를 밑으로 사용하게 되면 계산이 간편해진다.

$$\text{양수, 0, 음수} \longrightarrow \boxed{2^x} \longrightarrow \text{양수}$$

$$\text{양수, 0, 음수} \longrightarrow \boxed{2.7^x} \longrightarrow \text{양수}$$

$$\text{양수, 0, 음수} \longrightarrow \boxed{e^x} \longrightarrow \text{양수}$$

$$e = 2.718\ldots$$

자연상수

예측값들을 모두 e를 밑으로 갖는 지수함수에 통과시킨 후에 확률값을 계산하면 다음과 같다.

$$\frac{\text{예측값1}}{\text{예측값1} + \text{예측값2}} = \text{확률값1}$$

$$\frac{e^{\text{예측값1}}}{e^{\text{예측값1}} + e^{\text{예측값2}}} = \text{확률값1}$$

---

3 크로스엔트로피 결과를 '거리'라고 말하는 것은 엄밀하게는 맞지 않다. 왜냐하면 A, B 사이의 거리는 A에서 B로 가는 값과 B에서 A로 가는 값이 동일해야하는데, 크로스엔트로피는 '정답'과 '예측값'의 위치를 바꾸면 값이 달라지기 때문이다. 하지만 정답과 예측값이 얼마나 다른지 계산하는 것이 목적이라는 점에서는 거리와 맥락을 같이한다.

이 경우에는 다음과 같이 '0으로 나누기 불가능' 오류가 발생하지 않는다. 이제 예측값에 음수가 들어오더라도 안심하고 확률값으로 바꿔줄 수 있다. 이 변환을 해주는 함수를 소프트맥스(softmax)라고 한다.

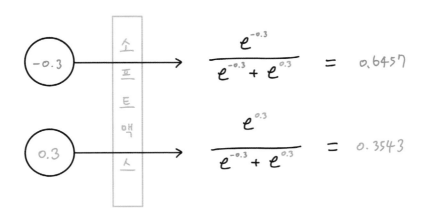

이 분류 모델의 전체 과정을 살펴보면 다음과 같다.

먼저 데이터가 주어지고, 신경망을 통과하면서 이전층의 여러 가지 조합으로 데이터의 구체적인 특성들이 추출된다. 마지막 층에서 '개'와 '고양이'에 해당하는 특성 두 개가 예측값을 결정하며, 이 두 값이 소프트맥스를 통과해 각각의 확률을 출력한다.

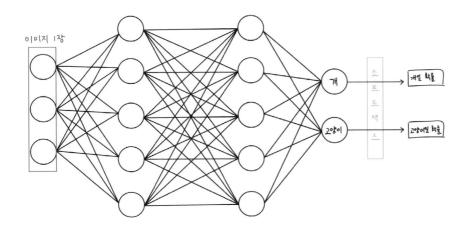

이때 이미지가 어떻게 입력 벡터로 한줄로 들어오는지 궁금할 수 있는데 어렵지 않다. 이미지는 픽셀로 이루어져 있는데, 최소단위의 정사각형 점이라고 생각하면 된다. 흔히 말하는 풀에이치디(FHD) 화질의 경우 가로로 1920개의 픽셀과 세로로 1080개의 픽셀이 있다. 픽셀마다 0~255 사이의 숫자가 있는데, 해당 위치의 밝기를 나타낸다.

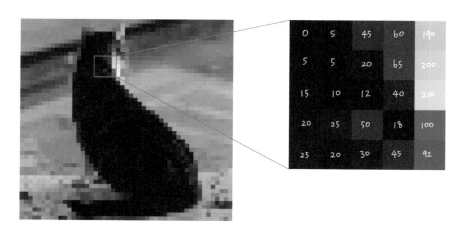

따라서 이런 데이터를 모델에 입력시킬 때는 단순히 가로로 한줄씩 자르고, 끝과 끝을 이어붙여서 하나의 긴 벡터 형태가 된다고 생각하면 된다. 즉, 각각의 픽셀이 입력의 특성들에 해당되는 것이다. 이에 대해서는 컴퓨터 비전에서 사용하는 합성곱 신경망(CNN)을 설명할 때 더 다뤄보도록 하자.

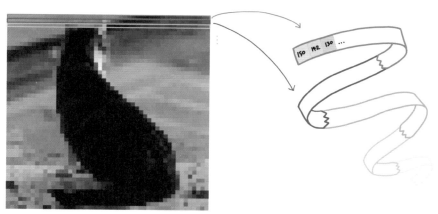

이미지를 한 줄씩 오려낸 뒤 이어붙여 하나의 긴 띠를 만든다고 생각하면 쉽다.

이렇게 두 클래스로 분류하는 것을 살펴보았는데, 더 많은 클래스의 경우에는 어떻게 될까?[4]

'사람'이라는 클래스가 하나 추가된 모델이다. 사실 이 경우에도 크게 다르지 않다. 마지막 층에서 세 개의 특성이 추출되며, 각각 '개', '고양이', '사람'에 대한 예측값을 출력하며 소프트맥스를 통해 확률값으로 변환된다.

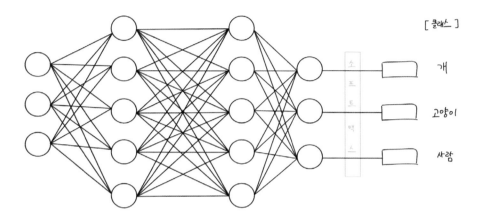

이때 정답이 주어지는 일반적인 형태까지 살펴보자.

일반적으로 데이터에서 입력 특성들(여기서는 이미지)이 주어지고, 해당 데이터에 대한 정답(레이블)이 함께 주어진다. 이 정답은 0번부터 순서대로 정해놓는 것이 일반적이다.

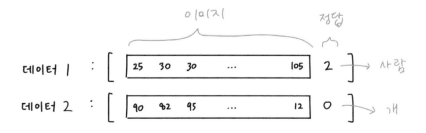

---

4 전자를 이진 분류(binary classification), 후자를 다항 분류(multi-class classification)라고 한다.

하지만 우리는 세 개의 노드에서 출력되는 확률값들과 정답을 비교하여 오류를 계산할 것이기 때문에, 정답의 형태를 다음과 같이 바꿔줘야 한다.

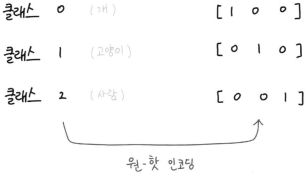

원-핫인코딩이 기억나지 않는다면 2.4장을 복습할 것.

예를 들어 아래와 같이 확률값들이 출력되었다고 하자. 그럴 경우 오차는 어떻게 계산할 수 있을까?

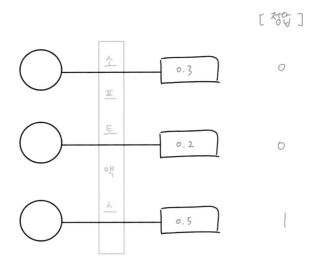

회귀 모델에서 사용한 평균제곱오차의 경우, 정답과 예측 사이의 거리를 계산하는 간단한 식이었다.

물론 분류 모델에서도 클래스별로 정답과 예측의 거리를 계산하고 단순히 더하는 방식
으로 오차를 계산하는 것이 가능하다.

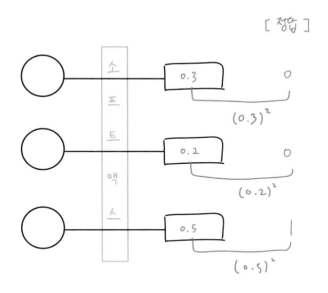

평균제곱오차 (MSE)

하지만 회귀 문제에서는 단순히 예측과 정답과의 차이를 역전파로 피드백시키면 되지
만, 분류 문제에 있어서는 예측한 분류가 정답을 맞췄는지 아닌지가 더 중요한 문제다.
즉, 정답이 '고양이'인 데이터에 대해서 '개'라고 예측한 경우에는, 단순히 확률값과 정
답의 차이만큼이 아닌 더 큰 패널티를 줘야 한다. 이때 크로스 엔트로피(cross entropy)
를 사용한다. 엔트로피란 '불확실성의 정도'라고 알려져 있는데, 여기서는 '정보량'이란
뜻으로 이해하면 된다. 크로스엔트로피는 '정답'과 예측한 '확률값' 사이에서 얼마나 차
이가 발생하는지(얼마나 정보가 발생되는지)를 계산한다. 계산식을 살펴보면 다음과
같다.

$$H(p, q) = - \sum_{i=1}^{c} q(x_i) \log p(x_i)$$

어려워보이지만, 사실 기호들이 무엇을 의미하는지만 파악하면 생각보다 간단하다. 즉, 크로스 엔트로피는 다음과 같이 클래스별로 정답과 예측(확률값)의 차이를 계산하고 전부 더해서 오차를 계산한다고 생각하면 된다. 정답의 분포와 예측의 분포의 차이를 줄여나가기 위해 그 오차를 계산하는 방법이라고 이해해도 좋다.

$$ 오차 = - \sum_{모든클래스} 정답 \log 예측(확률값) $$

오차를 계산하는 손실함수(loss function)로 크로스 엔트로피를 사용하면 다음과 같이 계산된다. 정답에 해당하지 않는 클래스에 대해서는 정답인 0이 로그 앞에 곱해지기 때문에 결과가 0이 된다. 즉, 데이터의 정답이 아닌 '개'와 '고양이' 클래스에 대한 오차는 0이 되고, '사람' 클래스에 대한 오차는 -log(예측확률값)이 된다.

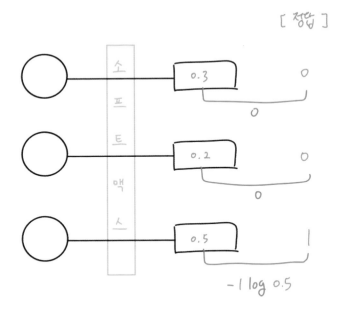

크로스 엔트로피

1. 예측된 확률값들이 [0, 0, 1]이 되어 정답을 완벽하게 맞췄다면 (즉 세 번째 확률값이 1이었다면) 크로스 엔트로피는 0이 되어 오차도 0이 된다.

2. 예측된 확률값들이 [1, 0, 0]이 되어 완전히 확신을 가지고 오답을 예측하게 되면 크로스 엔트로피는 무한대로 커진다.

더 알아보기

1. 모두를 위한 딥러닝 lec 6-1 - Softmax Regression: 기본 개념 소개

•https://youtu.be/MFAnsx1y9ZI

2. StatQuest with Josh Starmer - Neural Networks Part 6: Cross Entropy

•https://youtu.be/6ArSys5qHAU

2. 엄한 교육 vs 느슨한 교육 - 오버피팅 문제

모델을 "잘" 학습시킨다는 건 무엇을 의미할까? 단순히 에포크를 높여 데이터셋을 여러 번 학습하면 될까? 모델이 학습을 많이하면 성능이 조금씩이나마 계속 증가하지 않을까?

여기까지 잘 따라온 비전공 독자라면 이 생각에 동의할지도 모른다. 왜냐하면 우리가 다뤘던 학습이란 "엄한 교육"이었기 때문이다. 순전파를 통해 비용을 계산하고, 비용을 역전파시키며 가중치들을 각각 최적의 위치로 업데이트시켜가는 과정이 학습이었다.

하지만 과연 이게 학습의 전부일까? 사실 딥러닝이 유행하기 훨씬 이전에 머신러닝에서부터 오버피팅(overfitting) 문제는 항상 존재했다. 이 장에서는 오버피팅 문제와 그 해결책인 "느슨한 교육"에 대해 알아보자.

개와 고양이 이미지를 분류하는 모델을 학습시키려고 하는 학생 A의 경우를 생각해 보자. A는 열심히 데이터를 수집했지만 결과적으로 다음과 같은 데이터셋을 얻게 되었다.

· 개가 있는 이미지의 경우 낮에 찍힌 사진과 밤에 찍힌 사진이 골고루 있다.
· 고양이가 있는 이미지의 경우 낮에 찍힌 사진만 있다.

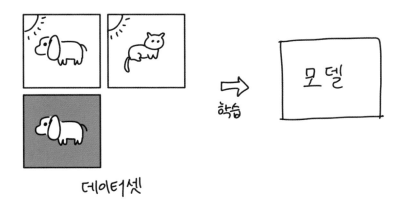

데이터셋

이러한 경우에 학습을 진행했을 때 어떤 결과가 나올까?

A가 학습한 모델을 가지고 사진을 촬영하면 개인지 고양이인지 알려주는 앱으로 만들었다고 하자. 개와 고양이를 키우는 친구에게 사용해보라고 보내준다면, 다음과 같은 피드백을 받을 것이다.

· 개를 촬영할 경우 아주 잘 예측한다.

· 고양이를 촬영할 경우 낮에 찍은 사진은 보통 잘 예측하는데, 밤에 찍은 사진은 대부분 개라고 예측한다.

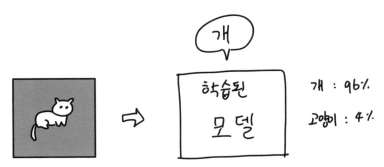

밤에 찍은 고양이 이미지에 대해서 틀린 예측을 하게 된다.

왜 이런 현상이 일어날까?

학습을 진행하면서 모델이 (정확히는 모델 속의 가중치들이) 최적화되는데, 그 최적화되는 대상은 바로 입력으로 주어지는 데이터셋이다. 즉, 데이터셋의 전반적인 특징들을 학습하여서, 추론을 할 때 새로운 데이터가 들어오면 학습된 특징들을 사용해 개인지 고양이인지 판단하는 것이다.

따라서 학습을 할 때 데이터셋에 밤에 찍은 고양이 사진이 존재하지 않았기 때문에, 학습이 끝난 뒤 추론을 진행할 때 밤에 찍은 고양이 사진이 들어오면 고양이로 잘 예측하지 못하는 것이다. 모델의 입장에서 생각해보면, 입력되는 이미지의 다양한 특성들을 파악하면서 학습을 하고 있는데, 밤에 찍은 이미지가 들어올 때마다 단 한 번의 예외도 없이 정답이 '개'인 것이다. 그러면 당연히 밤에 찍은 사진에 대해서 '개'라고 예측하는 방향으로 학습이 진행되지 않을까? 최소한 '밤'이라는 특성과 '개'라는 특성이 매우 가까운 관계를 가질 것이다.

이렇게 학습을 진행하면서 모델이 데이터셋에 최적화되는 것을 **적합(fit)** 혹은 **피팅(fitting)**이라고 한다. 이때 모델이 데이터셋에 너무(over) 피팅되어서, 데이터셋과 조금만 다른 데이터가 들어와도 예측을 잘 못하는 경우가 생긴다. 이것이 바로 과적합, 혹은 **오버피팅(overfitting)**이다.

데이터셋에 포함된 개와 고양이 이미지들이, 현실에 존재하는 다양한 개와 고양이 이미지들을 대표할 수 있다면 오버피팅이 발생하지 않을 수 있다. 다시 말해 밤에 찍은 고양이 이미지들을 추가로 확보해 데이터셋에 포함해 준다면 좀 더 좋은 모델을 만들 수 있다. 학습에 사용된 데이터셋과 조금 다른 데이터에 대해서도 잘 예측을 하는 모델을 일반화된(generalized) 모델이라고 한다. 하지만 현실적으로 학습이 끝난 뒤 모델을 사용할 때, 즉 추론을 할 때 어떤 이미지들이 들어올지 전부 알 수는 없고, 알 수 있다고 하더라도 그 광범위한 데이터를 수집하기는 힘들 것이다. 다행히도 오버피팅을 피하고 일반화된 모델을 만들 수 있는 학습 방법들이 존재한다. 이 방법들에 대해서 알아보자.

I. 데이터셋 분할

가장 단순하면서도 대부분이 기본적으로 사용하는 오버피팅 탐지 방법은 데이터셋 분할(dataset split)이다. 간단히 말해 수집된 데이터셋 중에 20%를 따로 떼어내 시험 데이터셋(test set)으로 두는 것이다. 나머지 80%의 데이터셋을 훈련 데이터셋(train set)이라고 하는데, 이 훈련 데이터셋만 가지고 학습을 진행한다. 학습이 끝난 후에 미리 떼어둔 시험 데이터셋으로 모델의 일반화 성능을 테스트할 수 있다.

미니배치가 하나씩 학습되면서 손실(loss)이 계산되는데, 데이터 각각의 오류(error)의 합을 손실이라고 한다고 보면 된다. 1 에포크가 지나고 전체 데이터의 오류를 평균내면 비용(cost)이 된다. 무언가 잘못된 경우가 아니라면, 일반적으로 학습이 진행됨에 따라 모델이 점차 훈련 데이터셋에 적합해지면서 손실은 감소할 것이다.

하지만 학습이 끝난 뒤 시험 데이터셋으로 모델을 테스트해보면 학습 중 마지막으로 확인한 손실보다 크게 나올 것이다. 학습 당시에 한 번도 들어온 적이 없는, 모델이 한 번도 본 적이 없는 시험 데이터셋이 들어왔기 때문에 어느 정도 일반화가 되었다 하더라도 어느 정도 예측을 덜 잘할 수밖에 없는 것이다. 사실은 학습 중 매 에포크마다 확인한 훈련 정확도(train accuracy)보다, 학습이 끝난 뒤의 시험 정확도(test accuracy)가 모델에 대한 객관적인 평가라고 할 수 있다.

Part 1의 비유를 다시 가져와보자. 문제지 10권 중 8권을 기계에게 주면서 반복 학습을 시키는 것이다. 예측하고 정답과의 차이를 구해 더 정확한 예측을 하게 되는 과정을 반복하면서, 기계는 8권의 문제지에 적합(fit)해진다. 학습이 끝난 후에 나머지 2권의 문제지를 주면서 어디 한 번 실력을 테스트해보면 객관적인 기계의 문제해결력을 확인할 수 있는데, 그 점수는 당연히 8권을 점점 잘 풀다가 맞은 최고 점수보다는 낮을 것이다.

자, 이렇게 학습이 끝난 뒤 모델의 일반화 성능을 테스트할 수 있게 되었다. 하지만 학습이 진행되고 있는 중에 학습이 잘 되고 있는지, 또 학습을 어느 순간에 그만둬야 하는

지를 판단하기는 힘들다. 최대 에포크를 각각 1~100까지 준 100가지 학습을 진행한 뒤 그 결과를 확인한다면 비교가 가능하겠지만, 너무 비효율적이다.

그렇다면 80%로 떼어낸 훈련 데이터셋에서 또다시 20%를 떼어내, 검증 데이터셋 (validation set)을 만들어 매 에포크마다 테스트해보자. 즉, 매 에포크마다 60%의 훈련 데이터셋으로 모델을 학습하고, 학습 시에 한 번도 본 적이 없는 20%의 데이터로 검증을 하는 것이다.

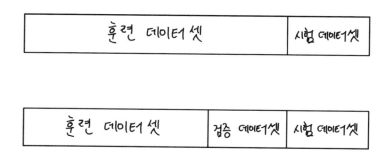

데이터셋을 나누어 학습을 진행하는 절차를 요약해 보면 다음과 같다.

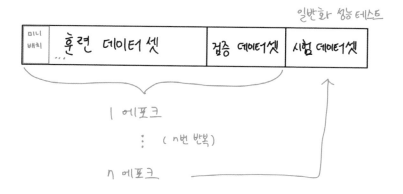

이렇게 하면 학습이 진행되면서 훈련 데이터셋에 모델이 적합되어가는 정도와, 그 모델의 일반화 성능이 변해가는 정도를 동시에 확인할 수 있게 된다.

아래 1번 도표와 같이 훈련 데이터셋의 손실이 점차 낮아지면서, 검증 데이터셋의 손실도 함께 낮아지는 것이 이상적인 학습 상황이라고 할 수 있다. 하지만 아래 2번 도표와 같이 훈련 데이터셋의 손실은 점차 낮아지는데, 검증 데이터셋의 손실이 어느 순간부터 오히려 높아지는 경우가 생길 수 있다. 이것이 바로 오버피팅이 발생하는 지점이라고 볼 수 있다. 즉, 모델이 훈련 데이터셋에 과하게 적합되어서, 학습에 사용되지 않은 검증 데이터셋에 대해서는 예측을 잘 못하게 되는 것이다. 이럴 경우에는 단순히 그 지점에서 학습을 중단하는 조기 중단(early stopping)을 통해 그나마 덜 오버피팅된 모델로 만족할 수도 있고, 뒤에 설명할 다양한 오버피팅 방지법들을 활용해 새로 학습하는 방법이 있다.

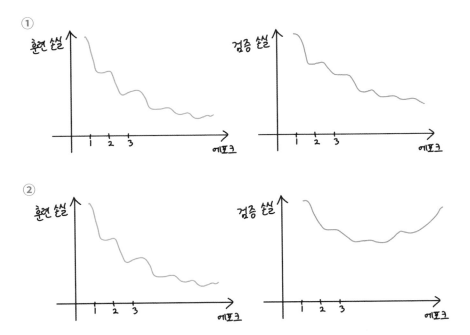

반대로 훈련 데이터셋의 손실이 낮아지지도 않고 심지어 검증 데이터셋의 손실이 더 낮은 경우도 발생할 수 있는데, 이는 과소적합(underfitting)이 발생한 경우다. 대부분 데이터의 양이 너무 작거나, 모델이 너무 단순해서 데이터셋의 특징을 잘 추출하지 못하는 경우에 발생한다.

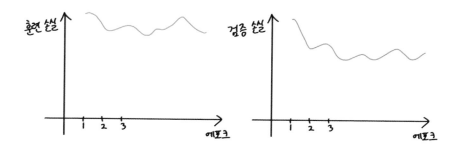

2. 데이터 증강

일반적으로 데이터의 수가 많으면 오버피팅은 잘 발생하지 않는다. 정확하게는 데이터가 현실에 존재하는 다양한 형태들을 빠짐 없이 잘 아우르고 있을 경우에 오버피팅이 발생하지 않는다. 위의 예시에는 밤에 찍힌 고양이 사진이 데이터셋에 없기 때문에, 밤에 찍힌 고양이 사진에 대해서는 예측을 못하는 상황이다. 그렇다면 밤에 고양이를 찍으러 돌아다녀야하는 수밖에 없는 걸까? 다행히도 컴퓨터 소프트웨어적으로 해결하는 방법이 있다. 이미지를 모델에 넣기 전에 인위적인 필터들을 사용해 변형(transform)을 시키는 것이다.

이때 이미지를 변형시킬 필터를 아무거나 쓰는 것이 아니라, 우리가 가진 데이터셋을 살펴본 뒤 어떤 부분을 보완해야 할지 고민해서 선택하는 것이다. 위의 예시에서는 밤에 찍힌 고양이 사진이 없기 때문에, 이미지의 노출(exposure)과 밝기(brightness)를 변경하는 필터를 사용하면 도움이 될 수 있다. 낮에 찍은 고양이 사진들 중 일부를 어둡게 만들어 모델에 넣어준다면, 밤에 찍힌 고양이 사진을 데이터셋에 추가하는 것과 유사한 효과를 낼 것이라 짐작할 수 있다.

이러한 필터 변환은 일반적으로 무작위(random)로 일어나게 지정한다. 즉, 이미지가 모델에 들어갈 때 일정한 확률로 이러한 변환이 실행되게 하는 것이다. 주의할 점은 이렇게 하면 데이터셋의 이미지 형태가 다양해지기 때문에, 에포크를 더 늘려줘야 한다는 것이다. 그 이전에 데이터셋을 20바퀴 돌려서 어느 정도 학습이 되었다면, 변환들이 추가된 이후에는 30~40바퀴는 돌려야 데이터셋의 늘어난 다양성까지 잘 학습할 수 있게 되는 것이다.

TIP

가장 많이 사용되는 데이터 증강 라이브러리 중 하나인 albumentations의 변환들이 이미지를 어떻게 바꾸는지 살펴볼 수 있는 링크를 소개한다.

· https://albumentations-demo.herokuapp.com/

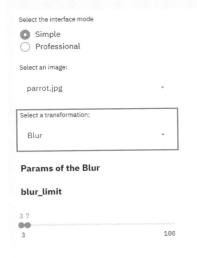

Original image

Transformed image

Press 'R' to refresh

Select a transformation 탭에서 여러가지 효과를 선택하여 변환 결과를 확인해보자.

3. 일반화 항 추가

머신러닝에 대해 검색하다 보면 L1-놈(norm), L2-놈(norm) 등의 용어를 본 적이 있을 것이다. 이는 오버피팅을 방지하기 위해 비용 함수에 포함시키는 일반화 항들로, 말 그대로 학습 모델의 일반화 성능을 향상시키는 역할을 한다.

$$비용 \;=\; \sum (예측 - 정답)^2 \;+\; 일반화\;항$$

아주 간단하게만 원리를 언급하고 넘어가자면, 손실 혹은 비용을 계산할 때 가중치들의 값을 더하는 것이다. L1의 경우 절대값을, L2의 경우 제곱한 값을 더하게 된다. 비용에서 오차제곱항에 있는 시그마는 '모든 데이터에 대해서 더해라'는 의미고, 일반화 항에 있는 시그마는 '모든 가중치들에 대해서 더해라'는 의미다.

$$L1\text{-}놈 : \quad \sum |w|$$
$$L2\text{-}놈 : \quad \sum w^2$$

손실과 비용이란 모델이 학습할 때 줄여나가는 하는 것이기 때문에, 거기에 포함시킨 이 일반화 항은 가중치들의 값도 동시에 줄어드는 방향으로 영향을 준다.

학습을 진행하다 보면 특정한 가중치의 값이 지나치게 커져서, 추출된 수많은 특성들 중 단 몇 개만 사용해서 예측을 하게 되는 경우가 생길 수 있다. 위의 예시의 경우, '밤'이라는 특성이 활성화된다면 무조건 '개'라고 예측하는 경우를 생각하면 된다. 만약 학습을 진행할 때 L2-놈과 같은 일반화 항이 비용 함수에 포함되어 있었다면, 특정한 가중치가 비약적으로 큰 값을 갖게 되는 것을 견제하기 때문에, 조금 더 일반화된 모델을 얻을 수 있었을 것이다.

4. 드롭아웃

드롭아웃(dropout)이란 학습을 진행할 때 무작위로 지정한 층에 있는 몇 개의 노드를 누락시키는 방법이다.

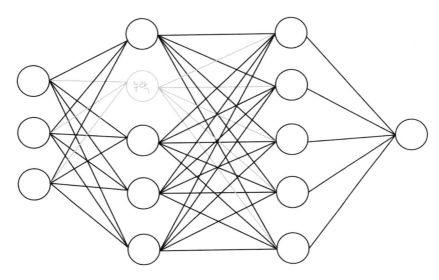

1층: 드롭아웃 (p=0.2)

5개의 노드 중 1개가 드롭아웃되도록 확률(비율)을 0.2로 설정한 경우

누락되는 노드는 순전파가 일어날 때마다, 즉 새로운 미니배치가 입력될 때마다 지정한 비율만큼 무작위로 선택된다. 이렇게 되면, 매 학습이 일어날 때마다 일정한 수의 다른 노드들이 학습에서 배제되게 된다. 일반화 항을 추가하여 특정한 가중치가 비약적으로 큰 값을 갖게 되는 것을 방지하는 것과 비슷하게, 드롭아웃을 통해 모델의 학습이 특정한 노드(특성)들에만 집중되는 일을 방지할 수 있다.

쉽게 말해 학습을 진행할 때 무작위로 몇 개의 부품을 **빼고** 진행하면서, 특정한 부품 없이도 전반적으로 잘 예측할 수 있는 일반화된 모델을 만들어가는 것이다.

주의할 점은 한 에포크가 끝난 뒤에 검증(validation)을 할 때나, 모든 학습이 끝난 뒤 테스트(test)를 할 때에는 드롭아웃을 적용하지 않고 모든 부품을 다 사용해야 한다는 것이다.

이 외에도 오버피팅을 방지하는 다양한 방법들이 있다. 다양한 방법들을 공부하는 것도 좋지만, 더 중요한 것은 이러한 방법들의 목적을 정확히 아는 것이라고 생각한다. 모델은 훈련 데이터셋만으로 학습을 진행하는데, 학습이 너무 엄하고 지나치게 되면 오버피팅이 발생한다. 따라서 학습을 진행할 때, 너무 과하게 학습하지 않도록 오히려 학습에 방해가 되는 장치들을 마련한다. 학습 자체가 불가능해질 정도는 아니지만, 훈련 데이터셋 외의 데이터에 대해서도 예측이 가능한 일반화된 모델을 만드는 것이 목적이다. 모델이 어떤 문제를 해결하는지에 따라, 또 다루는 데이터셋의 특징에 따라 다양한 일반화 방법이 사용되는데, 언제나 핵심은 '적당히 느슨하게' 모델을 학습하는 것이다.

3. 합성곱 신경망(CNN) 쉽게 이해하기

딥러닝은 현재 다양한 분야에 활용되고 있는데, 컴퓨터 비전 분야에서의 활약은 정말 대단하다고 할 수 있다. 컴퓨터 비전이란 말 그대로 컴퓨터로 시각(vision)적인 정보를 해석하고 활용하는 분야다. 앞서 다룬 이미지 분류 문제 외에도, 이미지에서 특정 영역의 물체의 위치와 클래스를 찾는 객체 검출(object detection), 영수증이나 메뉴판 등의 이미지에 있는 글자들을 인식해 텍스트로 반환하는 광학 문자 인식(OCR, optical character recognition) 등 다양한 문제를 해결하는 데 사용되고 있다. 이번 장에서는 이러한 분야에서 거의 필수적으로 활용되는 합성곱 신경망(CNN, convolutional neural network)에 대해 간략히 살펴보도록 하자.

'2'라고 적힌 손글씨 이미지 데이터가 있다고 생각해 보자.

이 데이터는 다음 그림처럼 2차원 배열의 형태로 컴퓨터에 저장된다.

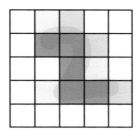

휴대폰 카메라가 1200만 화소라는 말은, 카메라가 사진을 촬영했을 때 위의 2차원 배열의 칸 수가 총 1200만 개라는 의미다. 이 칸을 픽셀(pixel)이라고 하는데, 위의 예시 데이터의 경우 5x5, 즉 25픽셀로 구성되어 있다.

각 픽셀 별로 숫자를 가지고 있는데, 이는 해당 부분의 밝기를 의미한다. 흑백 이미지 데이터의 경우 0에 가까울 수록 검은색, 1에 가까울 수록 흰색을 의미한다(일반적으로는 0 ~ 255의 범위로 픽셀값을 저장하지만, 쉬운 설명을 위해 0 ~ 1 범위로 스케일링되었다고 가정하자).

따라서 예시 데이터는 다음과 같은 값들을 가지고 있는 2차원 배열이라고 생각하면 된다. 쉽게 살펴보기 위해서 밝기를 의미하는 픽셀값을 0, 0.3, 0.6, 1 이렇게 네 개로만 구성했다.

이제 이 데이터에 어떤 변환을 주어보자.

오른쪽에 있는 붉은 색의 3x3 크기의 2차원 배열을 활용해, 왼쪽의 데이터를 변환시킬 것이다. 이 붉은색 배열을 **필터(filter)**라고 한다.

변환은 간단하다.

필터가 이미지 데이터 위를 돌면서, 같은 위치에 있는 픽셀값끼리 곱한 뒤 더하는 것이다. Part 2에서 다루었던 가중합과 동일한 연산이라고 생각하면 되는데, 이번에는 데이터가 2차원 배열인 이미지이며 필터가 이동하면서 이미지의 다른 영역과 가중합을 한다는 점에서 차이가 있다(가중합이 기억나지 않는다면 2.1장을 참고할 것).

필터가 이미지 데이터의 첫 번째 부분에서 연산한 결과는 아래와 같다. 우선 한 줄씩 살펴보자.

이미지 데이터가 해당 위치에 가지고 있던 값들 중

1. 첫 번째 행인 [1, 0.6, 0.3]이 필터의 [0, 1, 0]과 각각 곱해져 [0, 0.6, 0]이 나온다.
2. 두 번째 행인 [1, 0, 0]이 필터의 [1, 2, 1]과 각각 곱해져 [1, 0, 0]이 나온다.
3. 세 번째 행인 [1, 1, 0]이 필터의 [0, 1, 0]과 각각 곱해져 [0, 1, 0]이 나온다.
4. 이 나온 9개의 값들을 모두 더하면 2.6이 된다. 이 값이 이번 연산의 결과다.

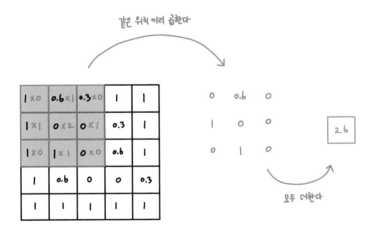

다음 연산은 필터가 한 칸 이동한 뒤 실행된다.

필터의 값들은 변하지 않으며, 이동한 필터가 위치하는 부분의 이미지 데이터의 값들과 같은 연산을 한다. 그리고 그 결과는 이전 결과의 한 칸 오른쪽에 저장한다.

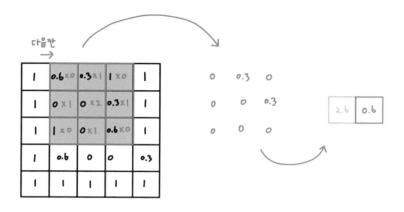

그 다음 연산도 마찬가지로 진행된다.

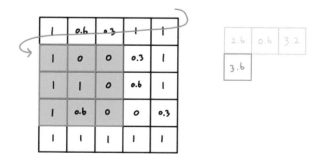

이제 그 다음은 필터가 어디로 이동할까?

한 칸 밑으로 내려간 뒤, 다시 왼쪽에서부터 이동하게 된다.

이렇게 이미지 데이터의 마지막 부분까지 한 바퀴를 다 돌게 되면, 다음과 같이 3x3 크기의 결과가 나오게 된다.

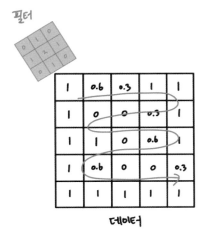

필터

데이터

결과

2.6	0.6	3.2
3.6	1.6	2.5
4.2	1.6	1.9

왜 3x3 크기의 결과가 나왔을까?

생각해보면 간단하다. 가로만 먼저 살펴봤을 때, 5칸 짜리 데이터 위를 3칸 짜리 필터가 한 칸씩 지나간다. 그러면 필터가 이미지 데이터의 왼쪽 끝, 정가운데, 오른쪽 끝 세 번 위치하게 되며, 총 3번의 연산이 실행된다.[1]

이렇게 진행되는 연산을 **합성곱(convolution)**이라고 한다.[2]

이번에는 다른 필터를 사용해서 동일한 과정을 진행해보자. 필터 안에 다른 값들이 들어 있기 때문에, 앞서 구한 결과와 다를 것이다.

---

1 만약 필터가 1칸씩 이동하지 않고 2칸씩 이동한다면 필터는 이미지 데이터의 왼쪽 끝과 오른쪽 끝 단 두 번만 위치하게 되며, 결과의 크기는 2가 될 것이다. 몇 칸씩 이동할 것인지를 나타내는 매개변수를 스트라이드(stride)라고 한다.

또한, 결과의 크기를 원본 이미지와 동일하게 만들고 싶다면, 원본 이미지 데이터의 가장자리를 0값으로 한 바퀴 둘러주면 된다. 그러면 7x7 크기가 되고, 결과는 5x5가 된다. 이 것을 패딩(padding)이라고 한다.

2 수학적인 의미에서 합성곱은 이와 정확히 일치하지는 않는다. 하지만 딥러닝에서 합성곱은 이러한 의미로 사용된다. 자세한 정보는 교차상관(cross-correlation)을 검색해보기 바란다.

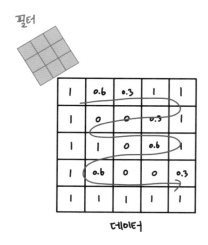

필터

데이터

결과

이렇게 계속해서 여러 개의 필터를 사용해서 여러 개의 합성곱 결과를 구할 수 있다.

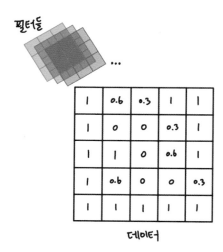

필터들

...

데이터

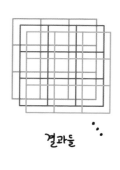

결과들

이때 한 필터를 사용해서 이미지 데이터를 변환한 결과의 각 칸의 의미를 곱씹어보자. 첫 번째 칸은 원본 이미지 데이터의 왼쪽 위 3x3 부분을 필터와 합성곱한 결과다. 즉, 원본 이미지 데이터 왼쪽 위의 일정 부분을 어떤 필터를 사용해 "요약"한 것이라고 보면 된다.

이렇게 필터를 사용해 합성곱 연산을 하게 되면, 각 칸이 단순히 이미지의 1픽셀의 정보를 가지고 있는 것이 아니라, 이미지의 3x3 부분인 9픽셀의 정보를 가지게 된다. 이

것이 바로 이미지 데이터에 대해서 합성곱 신경망이 잘 동작하는 이유라고 할 수 있다. 이미지를 단순히 각각의 픽셀들로 1개씩 정보를 받아들이는 것이 아니라, 필터들을 사용해 상하좌우 주변의 픽셀들을 동시에 보겠다는 것이다.

다시 말해 필터를 사용해 나온 결과 배열은, 이미지를 필터 크기만큼의 픽셀을 동시에 보면서 추출된 특성이라고 할 수 있다. 하나가 아닌 여러 개의 필터를 사용한다면, 여러 개의 특성을 추출하게 된다. 즉, 우리가 알고 있는 신경망 모델의 구조가 나타난다.

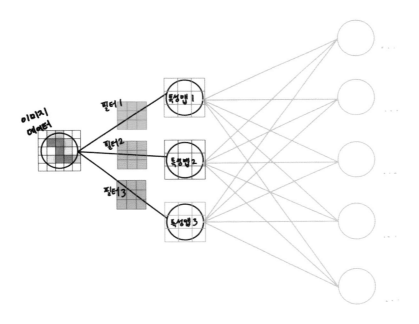

하나의 필터를 통해 나오는 결과 배열을 특성맵(feature map)이라고 한다. 출력되는 특성맵의 수를 채널(channel) 수[3]라고 표현한다. 3개의 필터를 사용한다면 출력 채널 수가 3이 되고, 10개의 필터를 사용한다면 출력 채널 수가 10이 된다.

---

3 같은 크기를 가지는 2차원 배열 데이터가 여러 겹 있다는 말은, 여러 채널로 구성된 하나의 3차원 배열 데이터가 있다는 것으로 볼 수도 있는 것이다. 이미지를 예시로 들어보면, 우리의 예시에서는 1채널(흑백) 이미지를 입력으로 사용했지만, 컬러 이미지 데이터의 경우 붉은색, 초록색, 푸른색(RGB) 세 개의 채널이 존재한다.

일반적으로 합성곱 신경망의 구조를 표현하는 그림으로 표현하면 다음과 같다.

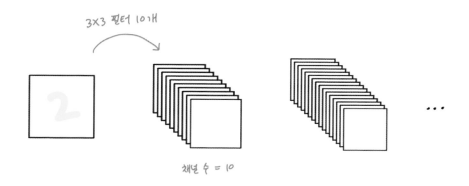

그런데 필터에는 어떤 값이 들어가야 될까?

딥러닝이 등장하기 전에는 이 필터의 값들을 정해놓고 사용했다. 포토샵이나 사진 편집 앱에서 "선명하게" 효과를 사용해본 적이 있는가? 이는 선명 효과 필터(sharpen filter)[4]를 사용한 것이다.

하지만 딥러닝에서는 필터의 값들이 정해져 있지 않다. 학습의 원리는 가중치의 값들이 점점 더 좋은 예측을 하는 방향으로 변해가는 것이며, 합성곱 신경망에서는 바로 이 필터의 값들이 가중치라고 보면 된다.

0	1	0
1	2	1
0	1	0

w_1	w_2	w_3
w_4	w_5	w_6
w_7	w_8	w_9

값이 정해진 필터   학습하면서 점점 최적화되는
가중치 (필터)

---

4 우리가 위에서 사용한 붉은 색의 필터의 값들에서 1을 모두 -1로 바꾸면 선명 효과 필터가 된다. 이 장 마지막 '더 알아보기'에 여러 가지 필터들이 어떤 값들로 구성되어 있고, 이미지가 어떻게 변환되는지 시각적으로 확인할 수 있는 웹페이지 링크를 적어놓았으니 꼭 확인해보기를 바란다.

즉, 우리는 학습을 시작하기 전에 신경망의 몇 층에서 몇 개의 필터를 사용할 것인지는 미리 정해놓지만, 그 필터들의 값들은 학습을 진행하면서 계속 바뀌게 된다. 필터의 값들이 최적화되면서, 더 유의미한 특성맵이 추출되고, 그로 인해 예측의 정확도가 높아지는 것이다.

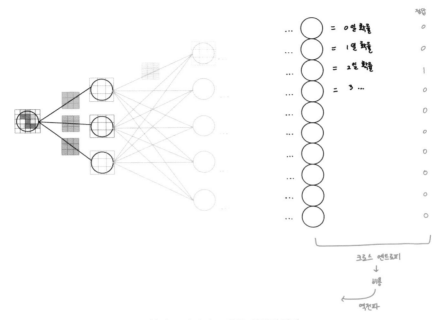

합성곱 신경망도 결국 신경망이다.

이번 장에서는 합성곱 신경망에 대해서 알아보았다. 이로서 〈비전공자를 위한 딥러닝〉의 모든 내용을 끝마치게 되었다. 다음 장에서는 이 책의 다음 단계로 좋은 책과 강의를 추천하면서 책을 마무리할 것이다.

더 알아보기

1. 여러 가지 필터 변환을 시각적으로 체험할 수 있는 곳
- https://setosa.io/ev/image-kernels/

2. CNN 구조를 입체적으로 보며 손글씨 인식을 직접 테스트할 수 있는 곳
- https://adamharley.com/nn_vis/cnn/3d.html

3. 합성곱 신경망(CNN) 역전파까지 5분만에 이해하기
- https://www.philgineer.com/2021/02/cnn-5.html

4. 스탠퍼드 cs231n 강의 노트: CNN의 구조
- 한글: https://aikorea.org/cs231n/convolutional-networks/
- 영어: https://cs231n.github.io/convolutional-networks/

4. 다음 단계로 나아가기

이렇게 멀고도 험했던 여정이 모두 마무리되었다. 첫 번째 Part에서 학습의 의미와 딥러닝의 큰 그림을 살펴보고, 두 번째 Part에서 선형회귀와 신경망의 핵심 개념을 익히고, 세 번째 Part에서 크로스 엔트로피와 오버피팅과 같은 딥러닝에서의 좀 더 디테일한 부분들을 살펴보았다.

이를 통해 비전공자분들도 딥러닝에 대해 감을 잡을 수 있었기를 바란다. 물론 이것으로 만족하고 다른 길로 나아가는 분들도 있겠지만, 이제 본격적으로 딥러닝을 공부해 보고자 하는 분들을 위해서 다음 단계를 추천해 드리고자 한다.

1. 모두를 위한 딥러닝

[국민 딥러닝 입문 강의]

한국어로 된 강의 중에 가장 유명한 강의가 아닐까 싶다. 짧은 시간 안에 전체적인 그림을 파악하기에 좋다. 시즌 1도 좋지만, 실습 부분이 파이썬과 텐서플로우 모두 구 버전 기준으로 되어 있기 때문에 최소한 실습 파트는 시즌 2를 추천한다. 딥러닝이 처음인 컴퓨터공학과 학생들을 대상으로 하기 때문에, 코딩이 처음인 분들은 실습에 앞서 파이썬 입문서를 빠르게 먼저 보는 것을 추천한다.

· 유튜브 검색 "모두를 위한 딥러닝"

· https://deeplearningzerotoall.github.io/season2/

2. PyTorch로 딥러닝하기: 60분만에 끝장내기

[잘 정리된 입문용 튜토리얼]

코드를 따라치면서 딥러닝을 간단히 맛볼 수 있는 소스 중에 이만한 것이 없다고 생각한다. 완전 입문자라면 물론 제목에서 주장하는 60분보다 3~4배 정도 시간이 걸릴 수 있다. 파이토치 소개, 자동 미분, 신경망, CNN 모델 4개의 짧은 코스로 구성되어 있다.

파이토치 공식 튜토리얼을 번역한 자료인데, 번역도 매끄럽게 되어 있다. 같은 홈페이지에서 다양한 종류의 다른 튜토리얼도 찾아볼 수 있다.

· https://tutorials.pytorch.kr/beginner/deep_learning_60min_blitz.html

3. 밑바닥부터 시작하는 딥러닝

[국민 딥러닝 기본서]

제목에서 알 수 있듯, 밑바닥에서부터 numpy만 활용해 기초적인 딥러닝 알고리즘들을 구현하면서 이해하는 책이다. 밑바닥 원리부터 차근차근 설명되어 있어 이름값을 하는데, 주의할 점은 난이도가 밑바닥은 아니라는 것이다. 최소한 파이썬에는 익숙해진 상태에서 보는 게 수월하다.

2권에서는 자연어 처리와 시계열 데이터에 초점을 맞추고, 3권에서는 텐서플로나 파이토치와 같은 프레임워크를 직접 만들어보는데, 우선적으로 추천하는 책은 1권이다.

4. Essence of calculus, linear algebra

[시각적으로 이해하는 수학 쪽집게 강의]

시각적으로 잘 이해되는 직관적 설명. 명불허전 3b1b의 강의들로, 딥러닝을 공부할 때 피가 되고 살이 되는 미적분과 선형대수학을 다룬다. 큰 그림을 파악하고 핵심 원리를 이해하기 좋은 가이드 강의.

같은 채널의 Neural Networks 강의도 쉽지는 않지만 훌륭하다.

· 유튜브 검색 "Essence of calculus"
· 유튜브 검색 "Essence of linear algebra"

5. 점프투파이썬

[파이썬 입문서]

빠르게 파이썬에 익숙해질 수 있는 입문서. 설명이 쉽게 와닿고, 따라해 볼 수 있는 예시들이 좋다.

· https://wikidocs.net/book/1

6. CS231n

[세상에서 가장 유명한 딥러닝 강의]

〈밑바닥부터 시작하는 딥러닝〉의 저자도 이 강의를 가장 많이 참고했다고 한다. 명쾌하고 핵심적인 설명이 인상적이지만 스탠퍼드 고학년생을 대상으로 하는 강의인 만큼 쉽지는 않다. 역전파 수식을 설명하는 부분이 매우 인상적이었다. 컴퓨터 비전을 중심으로 진행되지만, 다른 분야에 관심이 있는 분들도 많이 찾아 듣는다. 영어로 진행되지만 의미 전달이 명료하고, 한글 자막도 구글링으로 쉽게 구할 수 있다.

· 유튜브 검색 "cs231n"

강의노트만 참고해도 도움이 된다.

· 한글: https://aikorea.org/cs231n/

· 영어: https://cs231n.stanford.edu/

기말고사

Q1. 머신러닝에서 학습의 순서로 올바른 것은? [1.2장, 3.2장]

① 실제 문제에서 추론 - 훈련 데이터로 학습 - 시험 데이터로 평가

② 훈련 데이터로 학습 - 실제 문제에서 추론 - 시험 데이터로 평가

③ 시험 데이터로 평가 - 훈련 데이터로 학습 - 실제 문제에서 추론

④ 훈련 데이터로 학습 - 시험 데이터로 평가 - 실제 문제에서 추론

Q2. 인간 뇌의 신경망에서 착안한 것으로, 여러 레이어를 깊이 쌓은 모델에 데이터를 입력시켜 순전파와 역전파를 반복하며 학습하는 방법은? [1.3장]

① 머신러닝

② 인공지능

③ 딥러닝

Q3. 훈련 데이터셋을 처음부터 끝까지 한바퀴를 다 학습하게 되면 1 [   ]가 증가하게 된다. 빈칸에 들어갈 단어는? [2.7장, 3.2장]

① 에포크(epoch)

② 프로세스(process)

③ 가설(hypothesis)

④ 검증(validation)

Q4. 다음 중 비지도 학습에 해당하는 알고리즘은? [1.4장]

① 신경망

② 서포트벡터머신(SVM)

③ 군집화(clustering)

④ 선형회귀

Q5. 온라인 쇼핑몰에서 상품의 상세 정보를 특징들로 입력시켜, 상품의 판매량을 예측하는 모델을 학습시키려고 한다. 이 경우 모델이 하나의 상품에 대해서 예측하는 판매량은 하나의 (연속)값으로 나올 것이다. 따라서 이 테스크(task)는 [　]라고 볼 수 있다. 빈칸에 들어갈 단어는? [1.3장]

① 지도 학습

② 회귀 문제

③ 분류 문제

Q6. 온라인 쇼핑몰에서 상품의 상세 정보를 특징들로 입력시켜, 상품의 가격이 5만원 이하 여부를 예측하는 모델을 학습시키려고 한다. 이 경우 모델이 하나의 상품에 대해서 예측하는 결과는 "5만원 이하" 혹은 "5만원 초과"라는 두 개의 클래스(class) 중 하나로 나올 것이다. 따라서 이 테스크(task)는 [　]라고 볼 수 있다. 빈칸에 들어갈 단어는? [1.3장, 3.1장]

① 지도 학습

② 회귀 문제

③ 분류 문제

Q7. 선형 회귀 직선을 다음과 같이 나타낼 수 있다.

$$y = x_1 w_1 + x_2 w_2 + x_3 w_3 + b$$

이때 w_1 은 x_1 이라는 특성의 [　](weight)에 해당하는데, 이는 x_1 이라는 특성이 y에 얼마나 영향을 미치는지를 의미한다. y를 x_1 로 편미분하면 w_1 이 나오는데, 이는 x_1 을 가로축으로 하고 y를 세로축으로 하는 평면으로 볼 때 회귀 직선의 [　]를 의미한다. 빈칸에 순서대로 들어갈 단어는? [2.1장, 2.2장, 2.7장]

① 기울기 - 가중치

② 가중치 - 편향

③ 기울기 - 편향

④ 가중치 - 기울기

Q8. 신경망 모델에서 비선형 변환이 필요한 이유에 대해서 간략히 설명하라. [2.3장]

Q9. 비용(cost)을 한 가중치 w로 편미분하게 되면 기울기(gradient), 즉 해당 위치(값)에서의 순간 변화율을 구할 수 있다. 이를 이용해 어느 방향으로 w를 이동시키면 비용이 감소하는지 알 수 있는데, 이 과정을 반복해 점차 비용을 줄여나가는 학습 방법을 [ ]라고 한다. 빈칸에 들어갈 단어는? [2.5장, 2.7장]

① 경사하강법

② 렐루(ReLU)

③ 역전파

④ 최소제곱법

Q10. 값을 여러 개 묶어놓으면 [A]가 되고, [A]를 여러 개 묶어놓으면 [B]가 된다. A, B에 들어갈 단어는? [2.4장]

① A: 행렬   B: 리스트

② A: 벡터   B: 행렬

③ A: 벡터   B: 원-핫 벡터

④ A: 행렬   B: 레이블

Q11. 지도 학습은 데이터셋에 [ ]이 꼭 있어야하지만, 비지도 학습은 없거나 있더라도 하나의 특성으로 취급한다. 빈칸에 들어갈 단어는? [1.4장]

Q12. 모델은 학습 단계에서 [A]를 시행하고, 추론 단계에서 [B]를 시행한다. A, B에 들어갈 단어는? [1.2장, 2.6장]

① A: 순전파   B: 역전파

② A: 순전파 및 역전파   B: 순전파

③ A: 순전파   B: 순전파 및 역전파

④ A: 순전파 및 역전파   B: 역전파

Q13. 다음 연산의 결과는? [2.4장, 2.4장 부록]

```
X = np.array([[1, 2], [3, 4]])
w = np.array([10, 1])
result = np.matmul(X, w.T)
print(result)
```

① [12 34]

② [13 24]

③ [21 43]

Q14. 신경망의 한 은닉층(이전 층)에서 다음 층으로 연결된 가중치 행렬에서, 가중치 벡터의 수와 같은 것은? [2.4장, 2.6장]

① 이전 층의 노드(특성) 수

② 다음 층의 노드(특성) 수

③ 입력 데이터의 노드(특성) 수

Q15. 다음 중 가장 "비전공자"에서 거리가 가장 먼 사람은? [3.4장]

① 국문과 졸업생

② 수학과 졸업생

③ 전자과 졸업생

④ 이 책을 완독 후 성장 중인 비전공자

※ 정답은 185p로

Q & A

Q) AI 개발자가 되고 싶은데 프론트나 백엔드 지식이 필수적일까요?

필수적이지는 않습니다. 다만 현업에서 모델을 학습시키거나 학습시킨 모델로 서비스를 개발할 때 백엔드 경험이나 지식이 도움이 된다고 생각합니다. 취업 시에도 모델을 깃 클론해서 학습하고 실험하는 것으로 끝내지 않고, 간단하게라도 사용 가능한 어플리케이션 형태로 프로젝트를 완성한다면 이력서에도 더 눈이 가고 면접 시 질문할 거리도 많아진다고 생각합니다.

또한 스타트업에서 일을 하게 된다면 장기적으로는 필요하지만 당장 채용하지 않는 포지션이 있을 수 있고, 따라서 개발한 모델을 직접 간단한 GUI로 만드는 등의 테스크까지 맡게될 가능성이 있습니다. 이때는 프론트와 백엔드 경험 모두 유용할 것이라 생각합니다.

첨언하자면 구조적이고 논리적으로 코딩 잘하는 능력은 사실 어떤 도메인의 어떤 포지션의 개발이라도 공통적으로 통하는 부분이 있다고 생각합니다.

Q) 프론트, 백엔드 데이터분석 등의 직무로 경력을 시작한 경우, 따로 대학원(파트타임)을 다니거나 하지 않는 이상 AI 직무로 이직하기 어렵지 않을까요?

개발자분들이 스스로 노력하고 실력을 쌓아서 새로운 도메인의 원하는 포지션으로 이직하는 경우는 많이 봤습니다. 빠르게 현업을 경험하고 싶고, 직장을 다니면서 따로 열심히 공부할 자신이 있다면 선경력 후이직도 괜찮은 계획일 수 있다고 봅니다.

Q) AI 교육이 아닌 코딩 부트캠프도 도움이 될까요?

코딩 부트캠프도 좋은 선택이라고 생각합니다. 개인적으로 리서처가 아닌 엔지니어 포지션에서는, 현업 프로젝트들을 진행하면서 이론적인 부족함보다는 개발적인 이슈들을 해결하는 데서 더 자주 어려움이 발생하고 또 실력이 드러난다고 생각합니다.
비전공자이지만 전공자들보다 잘하는 엔지니어로 성장하기 위해서는 결국 딥러닝, 컴퓨터 비전 뿐만 아니라 이 코드가 컴퓨터에서 동작하는 원리부터 전체 시스템이 어떻게 돌아가는지까지 이해하려고 노력하는 것이 맞는 방향이라고 생각합니다. 이런 차원에서 다양한 분야를 공부해보고 프로젝트를 진행해보는 것도 장점이 있다고 봅니다.

Q) 네이버 부스트캠프 AI Tech를 준비한다면 머신러닝, 딥러닝, 수학, 도메인(컴퓨터 비전, 자연어처리 등) 중 어느 분야에 집중하실 건가요?

딥러닝과 도메인(컴퓨터비전)에 집중할 것 같습니다. 리서처보다는 엔지니어를 양성하는 데 초점을 맞춘 교육이고, 수학이나 머신러닝 이론은 직관적으로 원리만 이해하더라도 충분히 프로젝트를 성공적으로 수행할 수 있다고 생각하기 때문입니다.

Q) AI 석사 안 가도 취업 되나요?

아무래도 잘하는 분들이 많고 자리는 적으니 경쟁이 치열한 것은 맞지만, 비전공 학부생인지 AI 석사인지보다는 "실력"과 "러닝커브(성장성)"를 위주로 보는 것 같다고 느꼈습니다.
제 경우에는 면접 때 프레젠테이션을 준비해오라는 요구가 있었는데, 제가 네이버 부스트캠프 AI Tech에서 진행한 메인 프로젝트 두 개에서 제가 했던 기여들을 중점으로 발표를 했던 게 가장 임팩트가 있었던 것 같습니다. 제 부스트캠프 팀원이셨던 분 중에는 서버 구축부터 딥러닝 파이프라인 전반을 아우르는 MLops 분야에 관심이 많은 분이 있었는데, 학교 졸업도 전에 유망 스타트업에 직접 컨택하고 인턴 기회를 얻은 분도 있습니다. 물론 캠퍼분들 중에 AI 엔지니어나 리서처가 아닌 서버 개발자, 기획자, 프론트앤드 등 다양하게 지원하는 분들도 많았습니다.

연구자의 길을 가려면 물론 석사, 박사를 하는 게 맞겠지만, 현업에서 문제 해결에 뛰어들고 싶은 분들은 석사학위를 필수적으로 생각할 필요는 없다고 봅니다. 저도 국문학과와 철학과를 복수전공한 학사 출신이지만 딥러닝 포지션으로 취업해 잘 일하고 있습니다. 모두 화이팅입니다!

Q) 비전공자로 취업 시 어떤 부분을 어필하는게 좋을까요?

제 경우에는 주도적으로 참여하고 결과물을 잘 정리한 프로젝트들이 가장 큰 어필이 되었다고 생각합니다. 이력서에는 물론이고, 면접에서 발표하고 질의응답을 할 때 제 능력과 성장가능성을 잘 피력한 것 같습니다.

또한 코딩테스트에서 높은 점수를 받는 것도 큰 어필이 된다고 생각합니다. 아무래도 비전공자다보니 관련 강의에 대한 학점이 없거나 부족할 수 있는데, 코딩 기본기가 있다는 걸 증명한다면 많은 부분에서 패널티를 덜어낼 수 있다고 생각합니다.

Q) 취준생에게 조언 한마디를 한다면?

취업 준비를 할 때 스트레스도 많이 받고 조급해질 수 있는데, 마음의 여유를 가지고 차근차근 하나씩 준비해나가면 분명 핏이 맞는 좋은 곳을 찾을 수 있을 거라 생각합니다. 화장실 들어갈 때랑 나올 때 다르다고, 취업하고 돌이켜보면 취준 기간에 왜 그렇게 마음 고생을 했는지 과거의 제가 안쓰러워지더라구요. 또한 채용 공고에 목매기보다는 적극적으로 회사들을 탐색해보고 연락을 해보며 부딪혀보는 게 큰 도움이 될 거라 생각합니다.

이 외에 더 궁금한 점은 제 블로그(www.philgineer.com)에 질문을 남겨주시면, 답변 드리겠습니다.

32p 문제 정답

1번: 인공지능

2번: 머신러닝

3번: 딥러닝

4번: 전문가 시스템

5번: 서포트벡터머신(SVM)

6번: 합성곱 신경망(CNN)

39p 문제 정답

예측하려는 값이 [연속] 값이면 [회귀] 문제이며,

예측하려는 값이 [이산] 값이면 [분류] 문제다.

훈련 데이터에 [레이블]이 있다면 [지도] 학습이고,

없다면 [비지도] 학습이다.

73p 문제 정답

def relu (x):

return max(0, x)

93p 문제 정답(예시)

```python
1    import numpy as np
2
3    # 1번
4 v  X = np.array([[-1.7, -10.3, 0, 0, 1, 1],
5                  [-7.7, 4.7, 0, 1, 0, 1],
6                  [9.3, 5.7, 0, 0, 1, 1]])
7
8    # 2번
9    W = np.array([2, -2, 0.5, 1, 3, -1.5])
10
11   # 3번
12   print(np.matmul(X, W.T))
13
14   # 4번
15 v W2 = np.array([[2, -2, 0.5, 1, 3, -1.5],
16                  [0, 2.5, 1, -2, 0.5, -0.1]])
17
```

121p 문제 정답

- 입력 (데이터) : ①
- 가중치 행렬 $W^{(1)}$: ②
- 가중치 벡터 $\begin{bmatrix} w_{11}^{(2)} \\ w_{12}^{(2)} \\ w_{13}^{(2)} \\ w_{14}^{(2)} \\ w_{15}^{(2)} \end{bmatrix}$: ④

- 출력 (예측) : ⑦
- 가중치 $w_2^{(3)}$: ⑥
- 액티베이션 $a_3^{(2)}$: ⑤

기말고사 정답

Q1. ④

Q2. ③

Q3. ①

Q4. ③

Q5. ②

Q6. ③

Q7. ④

Q8. 2.3장 참고

Q9. ①

Q10. ②

Q11. 레이블(label)

Q12. ②

Q13. ①

Q14. ②

Q15. ④

저자 협의
인지 생략

그림으로 이해하는 비전공자를 위한

딥러닝

1판 1쇄 인쇄 2022년 2월 20일 **1판 1쇄 발행** 2022년 2월 25일
1판 3쇄 인쇄 2024년 1월 10일 **1판 3쇄 발행** 2024년 1월 15일

지 은 이 윤준호
발 행 인 이미옥
발 행 처 디지털북스
정 가 12,000원
등 록 일 1999년 9월 3일
등록번호 220-90-18139
주 소 (04997) 서울 광진구 능동로 281-1 5층 (군자동 1-4 고려빌딩)
전화번호 (02)447-3157~8
팩스번호 (02)447-3159

ISBN 978-89-6088-393-2 (93000)
D-22-03